青少年正能量提升书系

抗挫力

快步走出人生泥淖

强大的抗挫力，会让你的的未来彻底改变
强大的抗挫力，是优秀青少年成长必备正能量武器

在这个一切都应该靠自己的年代，
你怎样走出一个不同常人的成功路？

姜　越◎主编

KUAIBUZOUCHU RENSHENGNINAO
RESILIENCE

中央编译出版社
Central Compilation & Translation Press

图书在版编目（CIP）数据

抗挫力：快步走出人生泥淖 / 姜越 主编. —北京：中央编译出版社，2013.4

（青少年正能量提升书系）

ISBN 978-7-5117-1640-8

Ⅰ.①抗⋯

Ⅱ.①姜⋯

Ⅲ.①成功心理—通俗读物

Ⅳ.①B848.4-49

中国版本图书馆CIP数据核字（2013）第 068902 号

抗挫力：快步走出人生泥淖

出 版 人：	刘明清
出版统筹：	谭　洁
责任编辑：	战　歌
责任印制：	尹　珺
出版发行：	中央编译出版社
地　　址：	北京西城区车公庄大街乙 5 号鸿儒大厦 B 座（100044）
电　　话：	（010）52612345（总编室）　　（010）52612363（编辑室） （010）66161011（团购部）　　（010）52612332（网络营销部） （010）66130345（发行部）　　（010）66509618（读者服务部）
h t t p：	www.cctpbook.com
经　　销：	全国新华书店
印　　刷：	北京柯蓝博泰印务有限公司
开　　本：	710毫米×1000毫米　1/16
字　　数：	200千字
印　　张：	16.5
版　　次：	2013年6月第1版第1次印刷
定　　价：	33.00元

本社常年法律顾问：北京市吴栾赵阎律师事务所律师　闫军　梁勤

凡有印装质量问题，本社负责调换，电话：（010）66509618

前 言

雏鹰经历了悬崖上的生死考验,才能展翅高飞;花蕾经历了风吹雨打,才能开出姹紫嫣红的花朵;柳条经历了肃杀的严冬,才能在春风的吹拂下一夜抽出嫩芽。经历过风雨,才能见到彩虹;经历过磨难,才会获得成功。

人的一生就好像在浩瀚的海洋中航行的帆船,无论在多么平静的海域,总会有起起伏伏,总会遇到海风海浪的打击。面对人生中不可避免的挫折与失败,消极地沉浸在挫折带来的苦难中,你也许会被风浪淹没,但勇敢一些,积极地迎难而上,与困难斗争,也许风浪过后是无限美好的天空。

举世闻名的大文豪巴尔扎克在自己的手杖上写着:我能战胜一切挫折。正是靠着这种坚毅的品格,他的作品才能永垂青史。挫折并不可怕,重要的是你用什么样的态度来面对它。大家都知道西西弗斯被认为是世界上最不幸的人,他每天辛苦地工作。而当人们看到他时,他并不是人们想象的那样愁苦满面,而是捉住一只蝴蝶在手掌里快乐地玩耍

着。上帝给了他世间最大的挫折，但并没有剥夺他积极、乐观的权利。面对人生中的不幸，他依然怀着一份积极乐观的心态。在巨大的困难面前，很多人都勇于奋斗与拼搏，为我们做出了榜样；如曹雪芹虽然一生困难重重，但仍然写出了《红楼梦》这部传世不朽的经典；身体残疾的张海迪通过惊人的毅力学习了多种语言；而奥斯特洛夫斯基视苦难和挫折如浮云，最终完成了《钢铁是怎么炼成的》……纵然，他们在成功的路上走得异常艰辛，但仍然实现了自己的理想和目标。所以，在我们的日常生活中，如果遇到了困难，不要害怕和彷徨，要勇敢面对，只有这样，我们才能走向成功。

挫折是人生的必修果。人生是一次漫长的旅行，有平坦的大道，也有崎岖的小路，有灿烂鲜花，也有密布的荆棘。生命的丰厚奖赏在旅途的终点，让我们在压力下奋斗，在逆境中突破，在拼搏中享受成功的喜悦。

给我一次困难，让我努力克服；给我一次失败，让我体验成熟；给我一次挫折，让我更加强盛。让我们在书中去体会形形色色的挫折与失败，让我们在字里行间中去体会别样的成功。

本书不但内容丰富，而且采用事例和道理结合的方式从挫折产生的原因和挫折对人的影响入手，阐释了广大青少年在面对挫折和人生危机时如何通过调整心境扭转人生的技巧，从而帮助青少年朋友获得人生的智慧和战胜困难的动力。

目录

前言…………………………………………………………… 001

第一章　左手失败，右手挫折

人的一生就像是经历一次千山万水的长途跋涉，而生命乐章的精彩之处恰恰在于挫折。如果我们能乐观地看待失败，那么无论处于什么样的环境，相信我们都可以潇洒走过。拿破仑曾经这样解释失败：那种经常被视为是失败的事，只不过是暂时的挫折而已。另外，这种暂时的挫折实际上也是一种幸福，因为它会使我们振作起来，让我们向着更美好的方向前进。

找一找失败的来龙去脉…………………………………… 002
理清失败的脉络…………………………………………… 006
拨开失败的阴云密雾……………………………………… 010
有失败就会造成挫折……………………………………… 014
"挫折认知"你懂吗………………………………………… 017

正确认识挫折感……………………………………………………… 019
认知能力VS抗挫力 ……………………………………………………… 023
心理素质VS抗挫力 ……………………………………………………… 026
创新能力VS抗挫力 ……………………………………………………… 029
受挫经验与受挫频率VS抗挫力 ………………………………………… 032

第二章　在逆境与挫折中砥砺抗挫力

俗话说："人生不如意之事十有八九。"人的一生中充满了各种艰难险阻，不可能一帆风顺的。能够成长在逆境中的人，永远都是生活中的强者。逆境对强者而言，并不是坏事，它反而是成功必不可少的条件，因为逆境的熔炉能够让你脱胎换骨，成就全新的自我。

逆境是人生的润滑剂…………………………………………………… 036
逆境是通向理想彼岸的捷径…………………………………………… 039
逆境三部曲……………………………………………………………… 042
逆境与希望同在………………………………………………………… 043
在逆境的坚持中崛起…………………………………………………… 045
困境击不垮有志者……………………………………………………… 049
困境有时候也是一种机遇……………………………………………… 052
打开人生的另一扇门…………………………………………………… 054
做人要坚强……………………………………………………………… 056
不做逆境的"俘虏"…………………………………………………… 059
在顺境中修行不成佛…………………………………………………… 061
灾难中缔造的传奇……………………………………………………… 063
苦难中磨砺个性………………………………………………………… 067
苦难是对生命的体验…………………………………………………… 070

第三章　在积极乐观中催生抗挫力

要想成就大事，我们必须要有积极的心态。不要觉得积极的心态不可塑造，拿破仑·希尔曾经说过："你的心态是你——而且只是你——唯一能完全掌握的东西。"只要我们积极地练习，我们完全可以用积极的力量来引导自己的心。

积极乐观能创造奇迹……………………………………… 076
动力能产生积极的心态…………………………………… 079
乐于接受改变……………………………………………… 083
乐观地看待生活中的一切………………………………… 085
用微笑将痛苦埋藏………………………………………… 088
用笑脸迎接挫折…………………………………………… 092
学会给自己松松绑………………………………………… 095
"赶走"心里的消极情绪………………………………… 098
消除"不可能主义"……………………………………… 101
拥有一颗快乐的心………………………………………… 103
让自信闪耀出真色彩……………………………………… 106
保持自信，谁都能爆发出惊人力量……………………… 109

第四章　在忍耐坚持中储蓄抗挫力

在日常生活中，我们应该做到随时控制自己的情绪，做情绪的主人，而不是情绪的奴隶。在遇到问题的时候，我们应当冷静、客观、忍耐地面对现实，而不是冲动、主观逃避，只有这样，才能解决生活中的各种问题。

忍耐能带来无尽的好处…………………………………… 114

能忍辱，就是与痛苦拉开了距离 ················· 116

工欲善其事，必先利其器 ····················· 118

"不倒翁精神"不能死 ······················· 121

降低"我受不了了主义"的影响 ················· 123

挑战失败，仍需忍耐 ························ 125

具有忍耐到底的信念 ························ 127

在忍耐中走向成功 ························· 130

忍的法则不可不察 ························· 132

忍的技巧不可不知 ························· 135

第五章　寻找挫折下隐藏的幸福

当我们感到痛苦的时候，不要一味地怨天尤人，最明智的做法是放宽自己的心胸。因为我们的人生中，事业上遭受的打击并不见得都是坏事，关键看你怎么对待它！有时候，挫折和失败可以变成我们人生前进路上的巨大动力和精神鼓舞，让我们漠视打击，积极进取，在通往成功的路上奋力拼搏。

请挫折"上一堂课" ······················· 140

挫折锻炼人更能造就人 ····················· 142

挫折中孕育着成功的种子 ···················· 144

挫折是争气的起点 ························ 146

绊倒你的也许正是金块 ····················· 148

挫折下成长的明星 ························ 151

饱受磨难的李嘉诚 ························ 154

命运就是这样敲门的 ······················ 157

挫折是成功的入场券 ······················ 159

成功属于打不垮的人……………………………………… 162
敢于向自己挑战………………………………………… 164
绝不向挫折低头………………………………………… 167
跌倒了要能够站起来…………………………………… 169

第六章 自我修炼，打造刚毅人生

此时此刻的你或许正处于逆境之中，面对着各种各样的困难，如升学的失败、恋爱的不幸、病残的袭击、自尊心受损、自信心丧失、失望苦闷……但是，请你记住：这不代表你处于绝境中，即使在你看来是绝境，但也请记住"绝处逢生"这个词，只要你能勇敢地面对困难和挫折，必然会找到解决问题的办法，最终走向光明和成功。

修炼一：困境"逃生术"…………………………………… 174
修炼二：挫折之后，迅速崛起…………………………… 177
修炼三：情绪掌控术……………………………………… 180
修炼四：自我激励………………………………………… 184
修炼五：乐观心态………………………………………… 187
修炼六：自我补偿………………………………………… 189
修炼七：心境提高术……………………………………… 191
修炼八：意志力提高……………………………………… 193
修炼九：拜逆境为师……………………………………… 197
修炼十：摆脱失落感……………………………………… 199
修炼十一：战胜不幸遭遇………………………………… 202
修炼十二：振作精神……………………………………… 204
修炼十三：建立自信……………………………………… 206

第七章 自我检测，衡量活在当下的力量

随着社会竞争的日益激烈，人们面临着各种压力，这些压力对我们的学习和生活已经造成了深远的影响。如何坦然应对挫折，能否健康、积极地面对生活压力，已经成为每一个人亟待解决的重要问题。下面就让我们一起多方面地检测一下自己的生存力度，以便更理智地面对今后的生活和学习吧。

检测一：你成熟吗 ………………………………………… 212

检测二：你的心理年龄有多大 …………………………… 216

检测三：心理适应能力 …………………………………… 218

检测四：你在哪方面最输不起 …………………………… 222

检测五：你是一个乐观的人吗 …………………………… 224

检测六：寻找自己身上的缺点 …………………………… 226

检测七：测测你的坚强意志 ……………………………… 229

检测八：测测你的处世能力 ……………………………… 232

检测九：测测你的心理承受力 …………………………… 236

检测十：你的耐冲击力如何 ……………………………… 239

检测十一：你经受了挫折没有 …………………………… 241

检测十二：测测你的情商 ………………………………… 244

第一章 左手失败，右手挫折

人的一生就像是经历一次千山万水的长途跋涉，而生命乐章的精彩之处恰恰在于挫折。如果我们能乐观地看待失败，那么无论处于什么样的环境，相信我们都可以潇洒走过。拿破仑曾经这样解释失败：那种经常被视为是失败的事，只不过是暂时的挫折而已。另外，这种暂时的挫折实际上也是一种幸福，因为它会使我们振作起来，让我们向着更美好的方向前进。

找一找失败的来龙去脉

失败,对于我们来说是如此熟悉,有谁能永远不经历失败、挫折和磨难?然而我们对它们究竟了解多少?恐怕谁都不敢说真正彻底地认识了它们。

自古以来,关于失败事件的记载和叙述可谓不计其数,前人还留给我们一些谚语和警句,但是从哲学的高度进行全面系统的理论研究却极为罕见。

关于失败,从整体上说我们似乎尚停留在事件的记载和描述上面,这些浩如烟海的记载和描述就像是一片肥沃的荒野,它需要我们开垦耕耘,而那些谚语和警句宛如芳草和鲜花,需要我们爱护和欣赏。

要认识失败就必须认识失败的原因。每一个具体的失败、挫折和磨难都有自己的原因,这些原因包括内因和外因、主要原因和次要原因、直接原因和间接原因、共性的原因和个性的原因等。要认识这些原因就必须分析具体的事件。我们分析了社会生活、经济、政治、军事以及科学研究等领域中的许多事件,从中得出很多结论。在本文中,只能把带有共性的、重要的、需要解释的成因予以阐述。

1. 认识能力和实践水平有限

认识能力和实践水平有限而客观事物无限是人和人类产生失败的最普遍和最根本原因。

世界是无限的,它由无数的事物和无穷的物质所组成,无数的事物和无穷的物质又是互相联系、永恒运动、不断发展变化着的,要完全认识其中任何一个事物就等于认识一切事物及其全部联系和发展变化,否则就不是完全认识一个事物。这样我们就遇到一个矛盾。这个矛盾恩格斯在《反杜林论》中、列宁在《唯物主义和经验批判主义》中都曾提到过,实际上是相对真理和绝对真理及其辩证关系的问题。绝对真理由无数相对真理组成,人每

一次只能获得相对真理,人类只能在不断的世代更迭中去永远不断地接近绝对真理。因此任何的个人或者某一代人想完全认识一个事物,在逻辑上是不可能的,在实际上是做不到的。恩格斯曾经说过,我们要想完全地认识一粒豌豆都是不可能的。列宁说过,电子是不可穷尽的。世界上没有绝对简单的东西,这是客观事实。既然如此,人就不可能永远不失误、不失败。更何况有些事情即使我们认识到了,也未必能做到。就是说我们的实践能力也在制约着我们的成败。

2. 方法不足

我们研究问题、解决问题要运用方法。方法是不断发展着的复杂体系。广义地说,任何知识、理论观点都有方法的作用;狭义地说,专门用来如何观察、研究和解决问题的知识才是方法,它是研究自然界、社会现象和精神现象的方式、手段。科学的方法应与客观规律相一致。错误的方法导致失败,正确的方法是我们解决问题所不可缺少的。方法有工具和钥匙的作用。"工欲善其事,必先利其器";"一把钥匙开一把锁"。有的问题之所以解决不了,与缺少必要的方法有关。世界著名的"费马大定理"是一个困惑了世间智者358年的谜,难倒过许多杰

出的大数学家，直到358年之后的1995年才被英国剑桥大学数学家安德鲁·怀尔斯攻克。为什么会这样，就因为解决这个问题需要另一个知识（它相当于一个方法和钥匙），而这个知识也是一个待解决的问题。怀尔斯之前的所有人都没有认识到这一点，更谈不上解决了。怀尔斯认识到并解决了它，才进一步对"费马大定理"作出了证明。再如法拉第用他自己所设想出来的方法实现了通电导线绕磁铁公转，实际上这就是世界上的第一台电动机，但是他之前的人都没有做出来，也是因为他们都没有想到法拉第的方法。

解决复杂的社会问题往往需要综合地应用许多科学方法，而且也需要我们知道该用哪些方法。缺少必要的方法是不可能成功的。

3. 理论错误

理论来源于实践，又指导实践。错误的理论必然导致实践的失败；伟大的实践需要伟大的正确理论，离开正确理论的指导，是不可能成功的。中国共产党的历史就从正反两方面给出最好的证明。

4. 观念错误

一个人成功与否，和他的观点、观念有关。立场视角观点观念正确，就有助于成功，反之就容易遭到失败。哲学是关于世界观的学问，其中所包含的观点观念对人的影响非常大。正确的哲学思想常常是成功的先导，错误的哲学思想往往是科学进步的阻碍，并使人误入歧途。宗教神学是整个中世纪占统治地位的一种错误的哲学思潮，它主导着当时社会的思想，对自然科学的影响极其严重。那时数学成了数的神秘论，天文学成了妖法和占星术，物理学成了神奇的魔术，化学成了炼金术，一切科学都被披上了唯心主义的神秘外衣。受宗教神学的影响，许多科学家走上了歧途。法国数学家帕斯卡，创立了数学归纳法，发现了二项式展开的系数规律，提出了射影几何的一个基本原理，并由此做出了400多个推论，与费尔玛一起奠定了概率论的基础等，本来他还可以取得更多更大的数学成就，但是由于受宗教神学的影响，他后来对数学逐渐厌倦，放弃了科学研究，热衷于神学，不仅像个苦行僧，而且还折磨

自己，不满39岁就离开了人世。

牛顿的成就是尽人皆知的，他的哲学思想基本上属于自发的唯物主义，但是他否定哲学的指导作用，虔诚地相信上帝。特别是到了晚年，埋头于写作以神学为题材的著作，在唯心主义的道路上越走越远。当他无法解释行星的切向运动时，竟提出了"神的第一推动"的错误论断。从科学的角度说，牛顿晚年的研究是失败的。

5. 经验主义和教条主义

经验主义的主要特征是轻视科学理论，夸大感性经验，把个别的、局部的、片面的经验误认为是普遍真理。教条主义的主要特征是把书本理论当教条，一切从定义、公式出发，而不从实际出发。经验主义和教条主义是主观主义的两种表现形式。二者共同的致命弱点在于不能具体问题具体分析。在历史和现实中由二者造成的错误和失败的现象很普遍。

6. 传统和习惯

传统和习惯是巨大的力量，它们维系着人们的正常生活，同时也常常成为新生事物的杀手、科学发现的大敌。不少人在研究欧氏几何第五公设时，跳不出传统欧氏几何的传统框架，他们从来不敢想象"过直线外的一点可以作无数条与已知直线平行的直线"，也不敢想象"过直线外的一点作不出与已知直线平行的直线"。如果人们一开始就能跳出传统的欧氏几何"过直线外的一点只能作一条与已知直线平行的直线"的框架，那么第五公设的问题可能早就解决了，非欧几何也早就诞生了。舍勒和普里斯特利各自独立地发现了氧，然而由于他们不能摆脱燃素说的束缚，所以"当真理碰到鼻尖上的时候还没有得到真理"。

传统和习惯还会给科学工作者带来挫折和磨难。计划生育事业的开拓者美国著名医学家玛格丽特·桑格，为了解除妇女的沉重负担和痛苦，从20世纪初就开始积极倡导节育，并研究了节育方法，制成了避孕药，开办了节育诊所，受到了美国广大妇女的响应和支持。然而她的这些节育活动却被一些人说成是"非法的"、"不道德的"。纽约道德维持会会长安东尼·康斯托克，在1873年促进美国国会通过的一项禁止利用邮政、火车和轮船传递色情品的法律中，加进了一条禁止避孕用具和避孕知识传播的条令。他把这些避孕用具和药品说成是"猥亵、下流、淫荡、邪恶、污秽和令人作呕的东西"。若触犯康斯托克加进法律的这些条令，要被判处十年监禁和巨额罚款。康斯托克授意在纽约州刑事法中确立的条令，规定得更为严厉：无论什么人以什么理由宣传节育将被判为犯罪。在美国，桑格的诊所连遭查抄，她本人多次被捕入狱，受尽了折磨。后来，经过桑格长期而顽强的斗争，克服了旧道德的重重阻挠，才使这一造福于人类的伟大事业得以存在和发展。

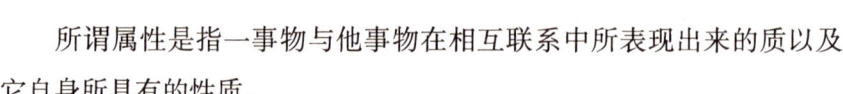

理清失败的脉络

所谓属性是指一事物与他事物在相互联系中所表现出来的质以及它自身所具有的性质。

失败有很多属性，下面阐述其中一些重要的属性。

失败与成功是对立统一的。这是失败的基本属性。我们称之为属性一。

把失败放在矛盾中来考察，我们可以得到两对概念，即失败与成功，简称成败；失败与胜利，简称胜负。失败与成功是对立统一关系，失败与胜利也是对立统一关系，在不同场合有不同的应用。举个例子：当我们进行科学研究时，实验的结果我们一般用失败与成功来表示，我们说实验成功了，而不说实验胜利了；对于战争，其结果我们一般用失败与胜利来表示，即我们说战争胜利了，而不说战争成功了。当然也可以通用，因为它们之间没有性质的差异。

失败与成功是矛盾关系，它们具有矛盾的基本属性。即失败和成功除了互相区别，互相对立；还互相联系，互相依存，互相包含，在一定条件下互相转化。

失败与成功是互相包含的，特别是在事物发展过程中二者互相包含，当我们说"成功"了，只是由于成功成为事物矛盾的主要方面，它决定了该事物的性质，而这时失败退居到矛盾的次要方面，不再决定事物的性质。反之亦然。比如，一场大的战役，交战双方在长期的交战过程中总是互有胜败，尤其是在多战场作战的情况下，局部的胜负是互有的，只有在关键的战役中取胜，制服了对方，这才算是最后的胜利。

失败与成功是可以互相转化的。其含义是，在适当条件下，失败可以转化为成功；同样，在一定条件下，成功（或者胜利）也可以转化为失败。因为二者本来就你中有我、我中有你，究竟谁占主导地位，就看条件更适合谁。如果条件对失败的一方有利，失败的势力就会逐渐壮大，直至成为主导者；反之亦然。我们当然希望看到的是成功和胜利总能占主导地位。要想如此就必须给成功和胜利创造条件，没有成功的条件就不会有成功出现。无论是历史还是现实，由胜利转化为失败的事情也是很多的。在有的事物中，想要完全避免这种事情的发生那是不可能的，但是我们可以尽量减少它的发生。对待胜败，正确的态度是：把积极进取和良好的心态结合起来，做到"胜固可喜，败亦欣然"。

失败与胜利的互相转化，普遍存在并且永远不会完结。

失败乃成功之母。我们称之为属性二。

这是我们最常见的警句，是说失败中孕育着成功，没有失败就没有成功。很多事情做起来的确是先失败后成功，甚至是经历多次"试错、反馈、纠偏"的重复过程，即多次反馈控制过程，才能成功。

在科学研究中，有的发明和发现是经过许多次的失败之后才获得成功。其中有的失败或多或少有可以保留的东西，这就是成功的因素。正是这些因素的孕育和积累，最后发生质的飞跃，产生了科学发明和发现。

在由失败到成功的过程中，除了要有百折不挠等精神之外，还要运用科学方法。科学方法是一个非常庞大的方法体系。一个人所掌握的方法越多，他成功的概率就越大，通往成功所用的时间就越短，路径也就越多，且越便捷。

在由失败到成功的过程中，理论思维起的作用非常之大。有时是不可或缺的——如果没有理论思维，只靠经验是不足以克服失败的。研究永动机就是一个很能说明问题的例子。很多人研究永动机都失败了，可谓是屡试屡败。其实人们是永远也造不出永动机的。因为这不光是个实践问题，在逻辑上也是不可能实现的。

对于可以实现的东西，绝大多数也必须通过理论思维才能从失败走向成功。这方面的例子成千上万，整个人类的历史——无论是自然科学史还是社会科学史都在证明这一点。

即使一个没有很多学问的人，只要他生活着，思考着，奋斗着，那么他就有机会从失败走向成功。因为他可以自觉或不自觉地应用简单的方法解决问题。理解这一点是理解人类从原始走到今天的钥匙。

吃一堑长一智。我们称之为属性三。

这也是我们经常用的警句。这里的堑，含义比较广，它可以指吃亏的亏，也可以指挫折、失败，乃至磨难。这里的智一般指智慧、经验和知识。人的知识的增长很大一部分是来自挫折、失败和磨难。吃一堑的确能使人增长经验和知识，但是这里要注意，对经验的应用不当，就会犯经验主义，就要再吃一堑，才能再长一智。因此在发展趋势上，吃堑总会使人聪明起来。

失败具有一定的普遍性。我们称之为属性四。

这个属性是说：失败、挫折和磨难虽然不是无处不在和无时不有，但是，它们存在于各个时代和各个领域，是相当普遍的。

失败具有不可避免性和可避免性。我们称之为属性五。

这是辩证矛盾，不是逻辑矛盾。从总体上来说，人不可能不遇到失败、挫折和磨难，即失败具有必然性、不可消灭性、不可避免性。另一方面，对于具体的事物，人对可能出现的失败、挫折和磨难，通过预见性和实践活动，可能或者可以避免其发生。

失败具有无穷多样性。我们称之为属性六。

任何一个具体的失败都有自己的特点，随着人和人类实践活动的不断发展，新的失败会不断地产生。这就决定了失败具有无穷多样性。

成败有相对性和绝对性。我们称之为属性七。

成败有相对性包括两个含义，其一，失败与成功相互包含，可以相互转化，这种含义，我们在"属性一"中已经作了阐述；其二，同一个事物，是成功还是失败，不同的人有不同的标准，因此得出的结论就不同，通常表现为因评论者而异。成败有绝对性也包括两个含义，其一，在一定条件下，一定意义上失败就是失败，成功就是成功，二者不能混淆；其二，在一段时间内遭遇的失败，只要它自身具有成功的本质，那么它终将成功。是金子总要发光，真理是挡不住的。

梵高在世的时候，他的画作只卖出去一张，仅价值几英镑，而且还是他的弟弟西奥为了安慰梵高让别人用自己的钱买的。但在梵高死后，他的作品逐渐被人们认可和赞美，几乎每一幅遗留下的作品都是价值连城——迄今世界最贵的10幅画作，有7幅都是梵高的。近年，绝笔画《阿德琳娜·雷沃克斯肖像》更以1375万美元的高价成交。这说明对艺术成败的裁决需要时间。

在人类无止境的发展过程中失败的产生是绝对的，没有这样的失败还会有那样的失败；就发展趋势而言，失败走向成功是绝对的，因为人类就是由低级向高级永恒地发展着的，这其中就包含着从失败走向成功的必然性；从科学史上看，失败总能对成功提供帮助，它总是这样或者那样对成功作出贡献，在此意义上说，每一个失败都不是绝对的失败，或者说，绝对的失败是没有的。

成败与机遇相关。我们称之为属性八。

机遇是要我们及时捕捉的东西。常言道：机不可失，时不再来。一旦捕捉到机遇，就要抓住它、利用它。下面我们举一个实例。

2008年9月21日江西卫视播出了一个新闻。说的是有位王女士开鞋店的事。这位王女士先卖成年人的鞋，很不景气。愁得她得了头疼病。有一天，她闷得慌，就到外面随便走走。她看到一个三口之家——年轻的父母领着孩子在逛街。她茅塞顿开，"现在孩子在家中的地位还用说吗？孩子的消费是一个多么广阔的市场！"王女士想。而后她到北京一个专门销售童鞋的总店，了解有关情况，最后她决定开个专售童鞋以及儿童玩具和用品的小店。两个月后她的生意异常红火。

这里的机遇是什么？就是许多人视而不见甚至是熟视无睹的东西，即现今孩子在家庭中的地位空前提高。王女士抓住了。王女士的经历简单说，就是"由失败经过机遇和灵感走向成功的过程"。这是一个模式，不要小看它。它告诉我们由失败到成功要经过一个中间环节，这个中间环节更一般地说，它可能包括机遇及对机遇的捕捉和把握，包括"方法"以及努力奋斗等，离开这些，失败就不会走向成功。

拨开失败的阴云密雾

大家都知道，失败总是伴随着我们的生活。如果我们对失败有了进一步了解，那么生活中的困难将迎刃而解。下面就对失败作进一步解读。

1. 拨开失败看本质

本质是事物的根本性质，是构成一事物的各必要要素的内在联

系。事物的本质是以自身所包含的特殊矛盾为基础的，它又成为客观事物各种具体表现的内在根据。

失败总是与成功相连的，研究失败的本质实际上就是研究成败的本质。

成败的本质是：力量。

这里所说的力量包括5个因素，即物质力量、精神力量、各种知识（知识就是力量）、各种能力以及能量，这些因素构成有机总体发挥作用。要想确切地表示力量与这些因素的关系，就只有用数学公式来表示。马克思有句名言："一种科学只有当它达到了能够运用数学的时候，才算真正发展了"。这反映了运用数学的重要性和必要性。有时候在社会科学中真的需要数学，只有数学才能准确地表达出我们要表达的意思。以下给出的数学关系式，对于通晓数学的人来说，一定会对它有深刻的感知。

力量作为成败的本质，相当于一个复杂的函数，它依赖物质力量、精神力量、各种知识、各种能力以及能量这些因素，它随着这些因素的变化而变化，而这些因素相互之间又是发生联系的，这一切只能通过下面这个数学公式来表达，即

$$L=f(W, J, Z, N, E)$$

其中，L代表成败的本质：力量；W代表物质力量；J代表精神力量；Z代表知识；N代表能力；E代表能量；f表示物质力量、精神力量、知识、能力、能量相互之间有一定的关系，这种关系是非常复杂的，不同事物有不同的这种关系，同一事物在不同时间不同场合也有不同的关系。正是这种关系使L成为一个有机整体，发挥力量的作用。本文前面所述的失败的属性和成因都是与力量有内在联系的。

2. 成败的基本规律

规律是事物发展中本身所固有的本质的、必然的、稳定的联系。

我们运用"由现实中的具体到思维的抽象再到思维的具体"方法，对失败的属性、成因和本质进行处理，可以得出成败的基本规律

是：力量决定成败。

主要包括以下四方面内容：

第一，力量的含义（前面已经阐述）；

第二，成败是由力量充足与否决定的，不足则败足则胜；

第三，失败通过力量的调整可以向成功转化，同样，成功由于力量的变化也可以向失败转化；

第四，力量是一切成败现象的本质和根源，它决定一切成败。换言之一切成败现象都是力量的表现。力量状况的不同，决定不同成败现象的发生。力量的状况包括力量所含成分的多寡、水平、性质、大小，以及对立双方的对比状况等。

我们之所以说它是成败的规律，是因为：首先，由上述失败的本质含义可知，力量既然是成败的本质，那么力量和成败之间的联系就是本质的联系；其次，成功的必要条件就是得有必要的力量，否则就不能成功，这是力量与成败之间的必然联系；最后，只要有足够的力量，就一定会成功，否则就失败，这种关系（联系）是稳定的。因此力量决定成败的这种决定与被决定关系是本质的、必然的、稳定的联系，因此它是成败规律。

为什么说它是基本规律？这里的成功和失败包括了一切成功和失败现象，具有关于成败的最大普遍性，只有基本规律才会有这样的普遍性，因此，力量决定成败是基本规律。

有人提出"细节决定成败"、"关系决定成败"等，这些说法在一定意义上是成立的。即它们隐含着前提，这个前提就是：成功（或者失败）的条件已经基本具备时，细节或者关系对成败可以产生决定性的作用。在这个前提下，细节才能决定成败，关系才能决定成败。对此我们可以用"万事具备，只欠东风"来比喻是很合适的。细节不能单独决定成败，关系也不能单独决定成败。否则，如果只要细节做好了就一定能成功；只要关系搞好了就一定能成功，而不需要其他条件，那么我们就只需要研究和处理好了细节或者关系就行了，还要别的干什么？这显

然是荒谬的。需要说明的是，在"细节决定成败"、"关系决定成败"中，"细节"、"关系"的意思是对"细节、关系处理得如何"，据此决定成败。由此可见，"细节"、"关系"属于能力范畴，而能力在本文中只是构成力量范畴的五大要素之一。于是"细节"、"关系"就都是力量这一本质中的很小的局部，它们不能构成成败的本质，就如同人的任何一个器官都不能单独构成人一样。既然"细节"、"关系"不能构成成败的本质，那么"细节决定成败""关系决定成败"就够不上规律。但是它们分别揭示了成败的两个性质（但不是根本性质），于是成为成败的两个属性。事实上很多东西都可以决定成败，有人还提出"机遇决定成败"等，但是它们和"细节决定成败"、"关系决定成败"一样，都是成败的属性，而不能叫作成败规律。

这个规律看上去非常浅显，可能会使许多人大失所望，原来是这么浅显的东西，也叫作规律？

真理往往是清楚明白、浅显易懂的。历史唯物主义原理认为："人类为了生活首先就需要衣、食、住以及其他东西。因此，人类的第

一个历史活动就是生产这些必需的物质资料本身。发现并承认这一真理,是历史观上的一个伟大的革命。"真理就这么浅显。力量决定成败是不是真理,是不是规律就由实践来检验吧。

一个理论是否正确,最终是要通过实践的检验与证明,但是在这个过程中,正确的理论必须能够解释现实,能够解释现象。本文所给出的本质和规律能够解释一切成败现象。要做到这一点,其前提是:必须对本文所给出的力量这一基本范畴理解清楚。

有失败就会造成挫折

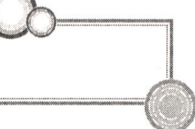

人有悲欢离合,月有阴晴圆缺,此事古难全。尽管人们希望能一帆风顺、万事如意,但失败与挫折却总是不可避免。顺境与逆境、成功与失败、幸福与痛苦、生与死等分别构成了矛盾的两个方面,这两个方面都是人生需要面对的。

英国哲学家培根说过,超越自然的奇迹多是在对逆境的征服中出现的,关键的问题是应该如何面对挫折。成功固然可喜可贵,但是失败也意义重大。

失败与挫折紧密相关。有失败就会造成挫折。因此抗挫折教育包含着克服失败教育。

从社会心理学和行为科学来说,挫折是一种抽象的情绪反应。当人们在实现目标的时候必然会遇到各种各样的问题,此时就会产生一种紧张、消极的情绪反应、情绪体验。这就是挫折。

从哲学层面上来说,挫折有其产生的必然性和偶然性。其必然性

表现在：在人的一生中是不可避免地遇到各种各样的问题。其偶然性表现在：在遇到挫折的过程中，具体什么时候遇到困难、这个困难有多大，都是偶然的，根本无法预料。

在20世纪初，美国心理学家麦独孤提出：人在受到挫折后产生的任何反应都是其本能的体现。而精神分析学派创始人弗洛伊德认为：在力比多（性力）的作用下，人才产生了行为。如果人的欲望过强，但又达不成自己的目标，必然会有一种失落的感觉，此时所产生的行为就是异常的。所以，精神病患者的患病根源就是因为自己的心理性欲受到压抑或阻碍而造成的，也就是说挫折是罪魁祸首。而关于挫折，亚当斯提出了自己的挫折理论，即人的动机行为受阻而未能满足需要时的心理状态，并由此而导致的行为表现，此时，如果想改变这种情况，就应该采取积极的行动。

在亚当斯看来，无论是在学习、工作中，还是在生活中，当人们遇到挫折的时候经常表现在以下几个方面：

（1）激发再生力。在遇到挫折或者失败的时候，首先用"失败是成功之母"来安慰一下自己，当心理受到安慰之后，必然感觉失败没有什么大不了，所以必须要坚持下去，再接再励。

（2）自我张力。在面对失败的时候，不能过于伤心或者是自卑，也不能过于自傲、感觉没有什么事儿，而是应该善于发现问题，找到自己失败的原因，在以后面临同样问题的时候，要更加仔细和认真，不要再犯同样的错误。

（3）改变方法。如果之前自己的失败是因为方法不对，那就要改变方法，只有这样，才能保证成功。

（4）改变目标。如果失败是因为自己的目标过高，或者是主客观条件根本无法满足的，那就要改变目标，根据现有的条件制定合适的目标。

（5）放弃。有的人面对失败就会自暴自弃，从来不善于分析问题，找到解决问题的办法，最后彻底放弃目标。

（6）对抗。有的人在遇到问题时只是抱怨，不承认自己的错误。

产生挫折的原因很多，其中有如下两类：一类是当个人需要与集体利益发生冲突时导致的挫折，一类是愿望与现实出现矛盾时导致的挫折。

从很大程度上来说，一个人能不能承受挫折或者具体能承受多大的挫折与其自身的动机和目标有着重要的关系。人的动机对目标会产生作用，或者是促进作用，或者是阻碍和干扰作用。而后者主要表现为四种情况：第一，虽然很多人在实现目标的时候受到动机的干扰，但在主客观条件下，他们仍然能达成目标；第二，有些人受到动机的干扰后，其仍然能够达到部分目标或者是使达到目标的效益变差；第三，如果同时存在着两种动机，此两种动机之间是存在冲突的，那么就要先放弃一个动机，满足另一种动机，这样就可以达成目标；第四，如果动机受到主客观条件的各种影响，必然不利于动机和目标的实现，此时人所受的挫折是最大的。挫折是普遍存在的一种现象，在任何人身上都存在。在日常生活中，由于个体动机及其动机结构是非常复杂的，而且影响动机行为满足的因素也极其复杂，所以，挫折的产生不以人的主观意志为转移，有其产生的客观性。

挫折对人的影响具有两面性：一方面，挫折可增加个体的心理承受能力，使人猛醒，汲取教训，改变目标或策略，从逆境中重新奋起；另一方面，挫折也可使人们处于不良的心理状态中，出现负向情绪反应，并采取消极的防卫方式来对付挫折情境，从而导致不安全的行为反应，如不安、焦虑、愤怒、攻击、幻想、偏执等。人受挫折后可产生一些远期影响，如丧失自尊心、自信心，自暴自弃，精神颓废，一蹶不振等。对于同样的挫折情境，不同的人会有不同的感受；引起某一个人挫折的情境，不一定是引起其他人挫折的情境。挫折的感受因人而异的原因主要是由于人的挫折容忍力不同。对于同一个人来说，对不同的挫折，其容忍力也各不相同，如有的人能容忍生活上的挫折，却不能容忍工作中的挫折，有的人则恰恰相反。挫折容忍力与人的生理、社会经验、抱负水准、对目标的期望以及个性特征等有关。

"挫折认知"你懂吗

如果说"挫折只是一种感觉，不是一种事实"属于一种假设，那么就有必要分析研究一下对挫折认知和反应的过程，以人的认知规律和存在于生活中大量的事实来支持这个观点的成立。

挫折认知即对挫折情境的知觉、认识和评价。

在影响挫折产生的所有条件中，挫折认知是最重要的。对于同样的挫折情境，面对同样的前进阻碍，遭受同样的失败，不同的认知会产生不同的反应、体验。

认知是指我们对周围事物的想法和观点，也即人的思维认识活动。由认知过程形成的观念，支配着人的情绪与行为。挫折刺激正是通过人的认知而作用于情绪，产生这样或那样的心理行为反应。在刺激的作用下，任何心理状态（动机、情感等）所发生的任何变化，将随着个人对刺激意义的理解程度而转移。当认知到该刺激对个人有很大的利害关系时，个体的反应会十分显著，即情感与动机等心理反应会很强烈；反之，若认知与己无关或关系不大，则心理变化较小，甚至无动于衷。但如果认知过程发生错误，就可能导致错误观念，继而产生不适当的情绪与行为反应。

由于个人对世界认识的不同，因而即使客观的挫折情况相同，不同的人对此感到的威胁也会不同，对每个人所构成的打击和心理压力也不同。

有很多事例说明不同的挫折认知产生了不同的心理反应与体验。

例如，有一天你正在校园里漫步，看见你的班主任老师迎面走过来，似乎沉思着。你冲他笑笑，说了声"老师好"，可他似乎毫无表情地与你擦身而过。这时你可能挺不愉快，想："好大的架子，难道我有什么地方得罪他了吗？或者他瞧不起我？哼，我还不爱理他呢！"于是，在你和班主任老师之间就种下了一颗误会的种子。反过来如果你这么想："老师想什么呢，我这么个大活人也没看见。"于是，一场可能的误会便可避免了，你心中不愉快的挫折感便烟消云散了。

同样的事情在不同的人的眼里得出的结论不一样，这种现象在生活中也很常见。如有的同学得了60分就兴高采烈，因为在他的心里，考试过了就行；相反，有的同学得了90分也很沮丧，因为他感觉自己学得很扎实，复习得也很充分，至少应该得95分以上。面对老师的批评，有的同学就认为老师是在跟自己过不去，专门挑自己的毛病；有的同学却认为老师是在关怀自己。因此说，面对同样的障碍，经历同样的挫折，对障碍和挫折的认知不同，就会体验到不同的情绪，产生不同的行为反应。

虽然在很多时候，你并没有碰到什么困难或者是挫折，但由于对挫折有着自身的独特认识或者是恐惧，必然会有相应的挫折反应。例如你谈恋爱了，肯定会害怕别人在背后议论自己，如果此时考试又没有考好，那么必然会害怕别人看不起自己，此时必然会产生各种各样的焦虑情绪，这就是挫折感。

无论在心理学实验室，还是在日常生活中，每个人对于挫折的反应都不相同。一方面，这决定于一个人对挫折的感情理解。如一个朋友批评了你，你可能会听从，甚至非常感激他，但如果把这位朋友的批评曲解当作是对你尊严的损伤，那你的反应也许就大不一样了。另一方面，感情上的失落比物质上的失落反应更激烈。当你追求的目标代表着爱、名誉、地位、尊严时，一旦目标丧失，就会产生不良的心理影响，这是一种负性的反应。

不同的人对于相同的挫折情境所产生的挫折感的大小和情绪反应的强弱可能不同。这取决于人们对挫折及其意义的认识、评价和理解，也就是对挫折的认识。每个人在社会生活中形成了自己特有的认知结构，所以虽然刺激相同，但认知结构不同也会表现出不同的认知特点，由认识过程形成的观念支配着情绪和行为。如果认知发生错误，就可能导致形成错误观念，继而产生不适当的情绪和行为。所以，面对挫折，有了正确认知，才会有适当的反应和行为，否则只可能加重挫折感，情绪反应更加强烈，更加陷入困境而不能自拔。因而改变认知是适应挫折的第一步。

正确认识挫折感

"挫折感"，从字面上就可以看出，挫折是一种感觉，是一种主观的心理现象，所以，挫折不是客观存在的事实。

许多青年朋友不这么看，他们说挫折是一种不可改变的事实，是客观存在的。在这里他们把挫折和逆境的概念混淆了。

逆境是事实。没有考上理想的大学，没有赶上预定的班车，没有找到心仪的朋友，考某一部门公务员没有被录用……这些都是逆境，是事实。但是这种不顺利的事实会不会在你的心理上形成挫折感，或者形成的挫折感严重还是不严重却是一种主观心理现象。

为了说明挫折是感觉，不是事实，我们先来了解一下感觉和事实的定义。感觉，从定义上说，是客观事物的个别特性在人脑中引起的反应。事实是指事情的真实情况，是客观存在的，不以人的意志为转移的。

挫折感符合感觉的一般规律，我们研究挫折，就是要从感觉的角度去分析人的不同的认识过程和认识态度，就是要调整感觉的渠道，去努力消除缠绕在许多青少年心头的挫折感，使大家能够甩掉包袱，轻装上阵。

对于同一件事你的目标没有实现，感觉到失败、不顺利，就是有了挫折感。你如果心态和做法调整得好，心情就好，也就没有了挫折感。

挫折感是一种心理现象，如果你采取主动积极的措施，就可以避免和消除；如果你抱着消极颓废的态度，就可能产生和加重。

我们的结论是：挫折，是一种感觉，不是一种事实。

既没有必然导致挫折的事，也没有肯定引起满意的事。出发点不同感受不同，期望值不同感受不同，背景不同感受不同。说到底，不同的人感受不同，不同的时间感受不同。解决挫折问题，重要的是在于调整感觉。

下面几种情况最容易产生挫折的感觉。

第一，自尊心受到伤害。

伤害自尊心的事特别容易使人产生挫折感。俗话说，"人有脸，树有皮"。人的脸面和树的表皮，对于生存和成长都有着至关重要的作用。

树的表皮是为树木输送养分的重要渠道，伤害了表皮，不仅影响美观，而且直接影响到树木的正常生长。

人的脸面，也称作自尊，指的是自己对自己的尊重，不向别人卑躬屈膝，也不允许别人歧视、侮辱。

自尊心人皆有之，只是强弱不同。一般来说，社会地位越高自尊心表现得越强，年纪越轻自尊心表现得越强，生活越顺利自尊心表现得越强。当然，也不能一概而论。有些人虽然位居社会富人行列，但是却为富不仁，只要能够获利，不惜奴颜婢膝。而有的人虽然贫穷，但是也

会不食嗟来之食。

第二，过于急躁。

很多青少年学生都怀抱远大志向，想一毕业就轰轰烈烈干出一番事业，但是却往往缺乏持之以恒的耐力，总是急于求成，想一蹴而就。这是不切实际的想法，很容易遭遇难以承受的挫折。

事实上，所有的创业都是很艰难的，"没有谁能随随便便成功"。

《论语·子路》篇中记载了这样一件事，孔子的学生子夏被派去做地方官。临走之前他专门去拜望老师，请教怎样才能治理好一个地方。孔子回答说："无欲速，无见小利；欲速则不达，见小利则大事不成。"意思是说做事不要单纯追求速度，不要贪图小利。单纯追求速度，不讲效果，反而达不到目的；只顾眼前小利，不讲长远利益，那就什么大事也做不成。

中国女排是一支敢打硬仗、技术全面的队伍，但是在年度大奖赛其中一站的比赛中却意外地以0∶3完败给意大利队。过了四天易地再战，中国队队员们一个个摩拳擦掌，复仇心切，但是这种急于求成的心理反被对方利用，再次以0∶3饮恨。

主教练陈忠和在赛后说："我们一上场心态就不是非常理想。场上打球很着急。由于心态起了变化，整个节奏就打乱了，所以一直处于一种非常被动的状态。"

意大利队一名队员也道出了取胜的关键："我们上次赢了中国队。但我们并不去想过去的成绩。这场比赛我们都是抱着平常心来打的。"

体育比赛激烈紧张，只有持平常心才能正常发挥水平，有些队员训练出色、比赛失常就是没有明白这个道理。许多事情同样如此，急于求成反而不成。成功不是凭一时之勇就可以取得的，必须从实际出发，坚持不懈努力。这看似简单的事实，却蕴含着深刻的道理——"在科学的大道上，没有平坦的道路可走，只有在崎岖的山路上不懈努力，刻苦攀登的人才可能达到成功的顶点。"

第三，期望值过高。

每个人对未来都有着美好的憧憬，这非常自然。但是，人们在勾画憧憬、追求憧憬的时候必须面对现实——一是自身条件的现实，二是客观条件的现实。不要对自己的实力估计过高，那样，憧憬就可能不是美好的愿望，而是不可实现的梦想。盲目行动必然导致失败。

英国明特尔市场调查公司的安吉拉·休斯分析说，英国年轻人希望"迅速地获得一切：报酬优厚的体面工作、宽敞舒适的住宅、较长的带薪休假、较短的工作时间，却不愿承担对社会和家庭的义务"。休斯说，英国年轻人中，1/3的人有健康问题，16%的人患有"未来焦虑症"，1/8的人因挣钱不够多、达不到理想的生活水平而沮丧。俄罗斯科学院玛丽亚·科托夫斯卡娅一针见血地指出："这是消费型社会的通病。人们惯于以过高的标准规划自己的生活，以至于梦想常被现实击碎，因此心情低落，甚至一蹶不振。"

学生都有自己的理想和追求，并由此而决定其学习态度和努力方向。不少学生往往过高评价自己的实力，而对客观条件及相关因素估计不足，因而期望值定位在较高的水平。在实现目标的过程中，如果一个人的实际成就高于其抱负值，就会感到满足，产生成就感；如果一个人的实际成就低于其抱负值，就会感到焦虑，产生挫折感。实际成就越是低于其抱负值，其挫折感就越是强烈。

例如，许多中学生一门心思要考入名牌大学，当只考取了一般高校时，他们就感到无限失落，由此产生了挫折心理。还有些学生从小学到高中都是学习尖子，以为到大学也会出类拔萃，但是到了学校一看强手如林，相比之下，原有的优势就变得黯然失色，颇有虎落平阳的感觉。这些学生由于期望值不切实际，对于必然的结果缺乏相应的心理准备，事与愿违以后又没有进行有效的心理调整，因而非常容易产生挫折感。

此外，在设计未来的时候绝对不能离开客观现实。例如，在刚刚步入社会时，不要期望一鸣惊人，先脚踏实地地去实现切实可行的目标，免得出师不利。但是，事实上，许多人的期望值都脱离实际，有些

人的期望值甚至高得离谱。这些人的期望是悬浮在幻梦里的空中楼阁,他们为实现冥冥中的幻想而做的努力必然付诸东流。

有一句很流行的歌词,叫做"我拿青春赌明天"。本来作为歌曲唱唱也就罢了,可是有的青年朋友却真的以青春作为赌注,押在不切合实际的愿望上面,由于对主客观条件缺乏正确分析和判断,输个精光是很正常的事。光阴似流水,青春不再来。青少年不要以赌博的心态来对待生活。有些人总是为自己设定过高的期望值,又不愿花费太大的资金和太多的劳动,只想赌一把试试看,结果当然总是失败。过高的期望值是自己给自己设置的障碍。

认知能力VS抗挫力

人的认知能力所存在的差异决定了人们看问题的深度不同。看事物总是由表及里,由此及彼的。洞察力强的人可以看得深看得远,可以看到事物的本质,在某些表面现象障人耳目的时候,可以做到洞察秋毫,这样才能在挫折面前站得稳,挺得住。

人的认知能力包括认知客观世界和认知主观世界两个方面。相对而言,认知客观世界容易,认知主观世界困难。

准确地认识客观世界,正确地判断形势,而不是戴着有色眼镜看问题,不是一叶障目,不见泰山,不是根据个人好恶对信息取舍,就能真实反映客观现实,就能为自己采取行动提供前提条件。相反,盲人瞎马,云山雾罩,肯定要走错路。

一般来说,人最难做到的是认知自己。有道是"不识庐山真面

目,只缘身在此山中"。中外历史上许多杰出人物之所以成功,关键在于能够正确认知自己。

孔子的学生曾参说,"吾日三省吾身",就是指要多次反省自己,也就是反复认知自己。

俄国大作家托尔斯泰在青年时代曾经逃学、赌博,醒悟以后找出了自己的缺点,包括自己欺骗自己,缺乏反省等,然后认真加以改正,终于成为一位声誉卓著的世界文豪。

不恰当的自我分析可能会招致严重的后果。这主要是由于分析的偏差而对自己的整个心理产生错觉并引起心理上和行为上的一系列变异。

俗话说百炼成钢、吃一堑长一智。就是说人在磨炼中才能够提高自己认识客观世界和主观世界的能力,才能够提高应对各种事变的能力。

人的身体状况直接影响对挫折的承受能力。我们看到有的人在打击面前神态自若,有的人在挫折面前身体迅速垮了下来。挫折所引起的恶劣情绪对身体有严重的损伤,只有身强力壮才能抵御各种风险。在挫折面前先倒下的往往是体质衰弱的人。

《三国演义》中三气周瑜的故事,形象地反映出人在情绪受到挫折时会影响健康甚至生命。

健康的身体是成功的基础。为了取得成功,青年人必将遭遇数不清的艰难险阻,没有一个强健的体魄肯定难以承受。

虽然我们不能指望通过合理的锻炼、均衡的饮食、充足的休息,就可以刀枪不入、长生不老,但是,缺乏运动、疲劳过度、营养不良肯定会大大降低对挫折压力的抵抗力。

研究表明,身体衰弱的人多愁善感,多愁善感就是不能正确对待失败的心理反应。疲惫不堪的人耐受力薄弱,耐受力差就承受不了打击。所以要能够抵御挫折必须有一个健康的身体,还要注意不断消除疲劳。锻炼身体的道理许多人都明白,但是如何合理运用自己的体力,避

免出现疲劳却经常被忽视。

有些年轻人经常透支身体的本钱，既不懂得如何学习和工作，又不懂得如何休息和娱乐，一学习就废寝忘食，一工作就夜以继日，一娱乐就通宵达旦，这种忙闲无度的生活方式必然造成身体的不适应，结果是学习也紧张，工作也紧张，娱乐也紧张，整天在紧张的节奏中生活。他们不明白，过度紧张的人容易疲劳，疲劳状态下出问题的风险比一般人高，应对挫折的能力也会降低。

美国芝加哥大学实验心理学实验室主任雅各布森医生认为，任何一种精神和情绪上的紧张状态，在完全放松之后就不可能再存在了。所以，在身体疲于应付的时候，一定要及时放松，避免紧张情绪的增强和抗挫折能力的下降。

爱迪生是一位伟大的发明家，一生拥有1093项发明专利。其中，389项是关于电灯和电力的，195项是关于留声机的，150项是关于电报的，141项是关于蓄电池的，还有34项是关于电话的。如此多的发明背后是数不清的失败。可是爱迪生却保持了充沛的体力，甚至在80岁时还在搞发明。爱迪生说，自己充沛的精力和无穷的耐力，都来自他能随时想睡就睡的习惯，而且是在感到疲劳之前就先休息，这样每天清醒的时间就可以大大增加，在遭遇失败时仍然能够保持充沛的精力。

在第二次世界大战期间，丘吉尔已经60多岁了，却能够每天工作16小时，精力充沛地统帅部队，没有强健的体魄是难以想象的。丘吉尔的秘诀就在于按时工作，按时休息，保持体力。他每天上午工作到11点。午饭以后睡1小时。下午工作到6点钟，然后再睡2小时，8点晚饭，然后一直工作到后半夜再休息。他说他根本不必去消除疲劳，因为事先已经通过合理的、有规律的休息防止了疲劳。

俄罗斯总统普京在刚就任总统时，俄罗斯国内经济亟待振兴，车臣武装叛乱不断，政治体制需要加紧改革，就是在这样内忧外患的情况下，普京依然每天腾出2小时的时间练习柔道，也就是在这样的情况下，他才能顶住国内外的压力，推行改革，使俄罗斯的经济重新起色，才能驾驶直升机直抵车臣鼓舞士兵士气,才能在国内外树立起威望,才能在第二次总统大选时再度获胜。

只有保持强健的身体,才有旺盛的精力,才能在面对生活大海中的风浪时临危不惧。

心理素质VS抗挫力

如今,有一个让人们感觉非常困惑的现象,那就是:随着人们生活水平的提高,人的心理素质越来越差。通过相关的调查发现,现在出现心理问题的人越来越多,与很多年前的人相比,人的抗挫能力也越来越差了。这种问题也存在于我们周围,例如,在受到父母批评之后,很多小孩会选择离家出走;有的人在失恋之后会选择各种极端的方式来折磨自己和别人;而有的人受不了困难和挫折,选择自杀……看到这种现象经常发生,我们必然会想:产生这种情况的原因是什么呢?

俗话说不经历风雨,就见不到彩虹,只有经过风吹雨打,我们才能茁壮成长。以前的生活质量不高,生活比较困难,人们很小就开始分担家务,也习惯克制自己的欲望,因此很早就具备了独立承担生活的能力和成熟的性格。

现代人心理素质越来越差的另一个原因是中国传统教育的缺失。中国自古便重视德行的培养,然而现代家庭、学校都只重视知识技能,而忽略了孩子为人处世、自我管理的能力。很多孩子虽然成绩优秀,却不懂得待人接物,也完全不懂情绪的控制。他们走上社会后,遇到不顺

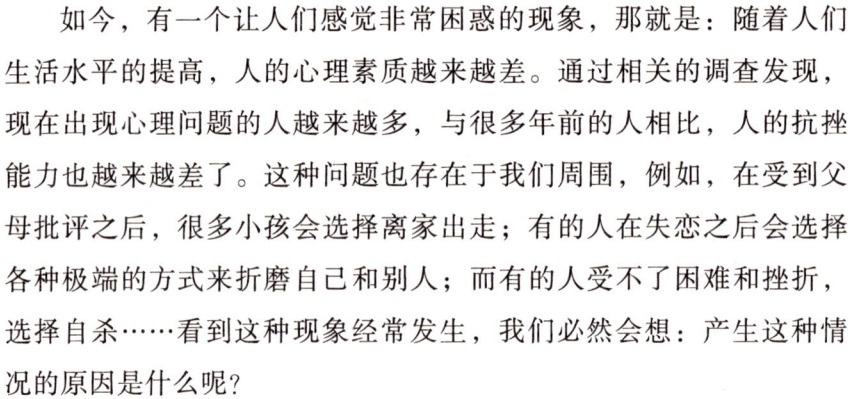

心的事就容易感情用事，或者直接逃避，这是一种不负责任与拒绝成长的表现。

我们经常看到在同样的打击之下，有些意志薄弱的人垮掉了，而那些意志坚强的人由于承受力强，扛住了，并最终走向了成功。这反映出人的修养程度。涵养越深，对挫折的容忍力越强，反应也越冷静。提高心理素质是提高承受能力的重要手段。

有些人本来在学校的时候很活泼、很开朗，但到了工作岗位以后，由于环境复杂了，不顺利的事多了，总是遭受一些意料之外的挫折，变得胆子越来越小，最后甚至对与己无关的事也害怕，成了惊弓之鸟。这些人的心理就不够坚强。

有的学生因为身上患上某些疾病而心理负荷加重，疑神疑鬼，忧心忡忡，苦不堪言，长此下去，反而积郁成疾，甚至精神崩溃；有些学生不能正确认识交往中的一些不协调，一碰到交往不顺利就归因到不正确的理念之中，也因此产生不正常的心态；有的学生认为自己不如别人，便产生羞怯、自卑的交往心态，以致发展到拒绝与人交往，独来独往，我行我素。

应该看到，对于失败或不顺利，有什么样的反应与人的气质有很大的相关度。

心理学研究把人的气质分为四种类型，包括胆汁质、多血质、黏液质和抑郁质。

胆汁质属于兴奋型的气质。这一类人直率、果断、外露、易怒、急躁。

多血质属于活泼型的气质。这一类人活泼、敏捷、乐观、浮躁、轻率。

黏液质属于安静型的气质。这一类人沉着、冷静、坚定、固执、冷漠。

抑郁质属于抑制型的气质。这一类人细致、稳定、善感、孤僻、胆小。

通常，兼具胆汁质和黏液质两种气质的人遭受挫折的概率比起其他类型的人更高一些，这些人的自身素质成了引发挫折的原因。

这些人经常表现出以下六个方面的情绪特征，这些都是一些与挫折感相关的表现。

第一种，情绪紊乱不定。经常喜形于色，怒形于色，忽冷忽热。情绪怪癖，行为混乱。

第二种，人际关系不佳。常常与同学、同事、邻居甚至亲人发生冲突，对一些人际冲突经常作出不恰当的反应。

第三种，虚荣心强，心理承受能力差。对于外界反应特别敏感，不接受自己的失败。对于别人对自己的批评教育持抵制态度。

第四种，错误估价自己，错误选择行为方式。总是埋怨生不逢时，埋怨命运不公。认识不到自己的缺点，把自己所遇到的任何困难都归咎于别人。

第五种，思维意识狭隘，嫉妒心极强。经常是走到哪里就把自己的猜疑、仇视和固有的看法带到哪里。他们经常埋怨环境不好，但是换了环境，也常常没有大的改变，有的还把原来外露型的情绪爆发变成了隐忍型来折磨自己。

第六种，社会责任感差。经常把自己的想法置于首位，而不管他人的心情和态度，甚至超越社会的伦理道德规范，做出违反法律或危害社会的行为。

耐挫力较强的人在挫折面前不会过分紧张，没有强烈的情绪困扰，能够尽快地找到适应和对付挫折的办法，从而保持心理行为的正常。而耐挫力弱的人对挫折过分敏感和紧张，稍遇挫折就惊慌失措，并且容易长时间陷入不良情绪中而不能自拔。这样，几经挫折打击，对并不很严重的挫折打击，都容易造成心理和行为的失常。只有正确的认知，才能有正确的把握。正确的认知能够帮助我们以更切实际、更有成效的方法进行思维，我们便可以在挫折到来的时候，保持清醒的头脑，采取正确的决策，避免或者减少错误。

那么，如何来提高我们的心理素质呢？

第一，心理素质的提高要从抗挫力和情绪管理能力做起。古人说"居有常，业无变"，我们要锻炼自己，即使受到委屈、感到痛苦，也要尽量坚持。不要轻易的放弃，不能面对挫折时就去逃避。同时要学会管理自己的不良情绪，学会控制自己的情绪，调整自己的情绪。

第二，是思维的调整。认知心理学认为，不是刺激影响了我们的行为与心理，而是我们对刺激的看法影响了我们的行为与心理，要站在不同的角度去思考问题，这样可以让我们更客观全面的看问题，也可以让我们更加的成熟，增强我们的心理素质。

创新能力VS抗挫力

所谓创新就是指科技上的发明和创造。而经过后来人的发展，创新成为在人的主观作用推动下产生所有以前没有的设想、技术、文化、商业或者社会方面的关系，同时，也可以指自然科学的新发现。而拥有这种能力就是拥有创新能力。创新能力简称为创新力。按照不同的标准，创新力划分为不同的类型，如按照主体分，创新力有国家创新能力、区域创新能力、企业创新能力，且存在多个衡量创新能力的创新指数的排名。

大学毕业生被称为天之骄子，社会需要他们能够用自己的聪明才智奉献于社会。但是，要想在认识世界和改造世界上作出贡献，必须具备创新能力。创新是一个民族发展绵延不息的动力，是一个民族的灵魂。

但是，我国青少年的创新能力实在堪忧，创新能力不足的重要原因之一在于抗挫折能力不足。两者是正相关的关系。

为了了解我国青少年创造能力培养情况，有关部门曾经作了深入地调查，在所设计的调查问卷里有以下4个问题：

（1）你是否具有自信心与合作性？——这是关于自信的问题。

（2）许多别人认为平常的事，你是否自认为有强烈的兴趣与好奇心？——这是关于兴趣的问题。

（3）对于老师或课本上的说法，你是否"时常表示怀疑"？——这是关于质疑能力的问题。

（4）即使遇到不幸、挫折或反对，你是否"仍能保持工作热情"？——这是关于毅力的问题。

这四个方面分别彰显的是青少年的创造性人格特征，而要具备每一方面，都需要有一定的抗挫折能力。我们来对这四个问题与挫折问题作一一对照的分析。

第一，关于自信。人只有对自己有信心，才能够直面挫折、从容应对。如果没有自信心，怎么能够接受挑战？

第二，关于兴趣。只有在遭遇挫折之后仍能保持良好的心态，才能有强烈的兴趣和好奇心。如果一遇挫折就痛心疾首，还有什么心情做事？

第三，关于质疑。只有不怕遭遇挫折，才敢于对关心的事物表示怀疑。如果总怕碰钉子，不敢向权威挑战，怎么可能创新？

第四，关于毅力。只有意志坚强，百折不挠，才能在挫折之后仍然保持工作的热情。如果一不顺利就垂头丧气，怎么能够东山再起，重新上路？

很明显，这四个问题检验的是创新能力，同时考察的是抗挫折能力，因为抗挫折能力是创新的前提和条件。

专家认为，具有初步创造人格特征的青少年，应该四个方面能力

同时具备，即有"自信心与合作性"、"兴趣与好奇心"、"怀疑精神"及"意志力和进取精神"。

但是，调查显示，同时选中这4个问题的青少年只占调查对象的7.3%！而在2000年的调查中，这一数字为11%。

与此形成对照的是，对获得第17届全国青少年科技创新大赛决赛资格的中学生群体所进行的相同问卷的调查显示，自评具有初步创造人格特征的比率为26.3%，比全国调查7.3%的数字高出了19个百分点。看来这些进入决赛的学生在创新能力上确实有超群之处。这种区别一方面来自先天的素质，另一方面不可否认的是学校和家庭对这些青少年抗挫折教育的结果。

在上述的调查中还有一项项目很有意思，是关于对孩子拆装闹钟实验的看法。拆装闹钟，看似一项游戏性的活动，但是却反映和考察了学生的抗挫折能力：面对正常运行的闹钟能否有勇气拆开，有没有信心装配成功，在装配和调试过程中，遇到齿轮不对、走时不准时能不能承受这种失败，有没有耐心重新装配和调试。

值得深思的是，赞许孩子"拆装闹钟"行为的家长，在参加全国创新大赛的学生家庭中占70.4%，在普通学校学生家庭中占52.7%。这也从另一个侧面证明参与决赛的学生能够脱颖而出绝非偶然，他们是在日常生活中经历过多次创造活动失败而成长起来的。

创造能力的提高，是以失败为阶梯的。只有通过不断的创新、失败、振作、再创新的过程，才能提高抗挫折能力，提高创造能力。创新能力和抗挫折能力需要有目的地同步培养锻炼。能力是在实践中产生并在实践中提高的。

创新活动的半途而废，除了所选方向存在问题以外，重要原因还在于创造者承受不了暂时的失败所造成的挫折。想要获得创新的成功，必须正确面对创新活动中不可避免的挫折，提高自己的抗挫折能力。常言道，失败乃成功之母，就是说成功孕育在失败之中。想要成功，必须承受失败。只有在失败中不断总结经验教训，才可能成功。

如果企望一蹴而就，一碰壁就灰心，必然半途而废。不能承受挫折是创新的大敌。

受挫经验与受挫频率VS抗挫力

1. 生活经验与抗挫力

每个人都有自己的生活经历和生活道路，有的历尽艰难坎坷，生活中饱经风霜雪雨，经常身处逆境，有过多次遭受打击和失败的教训；有的则一帆风顺，没见过波峰浪谷，或是从小娇生惯养，很少遇到挫折。

一个人遭受挫折的经验对挫折的承受力有很大影响。经历丰富的人能够获得较多的生活和挫折的经验，得到较多的锻炼，在挫折中学会如何对待和处理挫折，这种人对挫折的承受力就强，就能容忍重大挫折，而且，在新的挫折面前，也能保持镇定，并参照过去的知识和经验，采取有效的方法对待所遭遇的挫折。相反，很少遇到挫折的人，凡事顺利、总受赞扬的人，就没有足够的机会通过挫折而学习和积累对待挫折的经验。他们的自信心和自尊心又往往过于强烈，一旦遇到挫折或打击，就会产生强烈的情绪反应，产生消极心理，或者惊慌失措，或者任意而为，不能正确处理，这些人对挫折的承受力也必然很低。例如，一位大一新生刚入学几天就要求退学，理由是无法忍受宿舍中没装空调过于闷热；另一位大一女生在入学两周后就无法适应大学生活而精神错乱被送进了医院。

关于早年的挫折经验对成年后的影响，国外曾有人做过动物实

验。他们对一组幼小的白鼠给予电击及其他的挫折情境，使其产生紧张状态，然后让它们正常发育。长大以后，这组白鼠能很好地应付挫折引起的紧张状态。而另一组没有接受过这类挫折刺激的白鼠长大以后遭受电击等痛苦刺激就显得怯懦和行为异常。这两组白鼠在成年后对紧张状态的生理反应也显示出明显的差异。幼年受过刺激的白鼠表现出迅速而有效的生理反应，而幼年没有经受过刺激的白鼠则反应迟钝，有效性差得多。在人身上也是如此。在婴幼儿期所受的刺激，可使成年期的行为更趋于适应性和多变性。因此，一个从小受过逆境磨炼的人，成年以后能更有效地适应环境，对紧张状态的反应有较大灵活性，因遭受挫折刺激而造成的损害也较少。而幼年时受挫折太少的人，则可能在长大后面临挫折不知该如何处理，情绪和生理反应强烈。但是，如果幼年遭遇的挫折太多、太强，也会影响个体以后的发展，如形成自卑、怯弱等特征，缺乏克服挫折的勇气。

近年来，我国陆续引进的拓展训练等活动，就是人为地模拟设置了一些自然和社会的不顺利环境，其目的就是磨炼人的意志，为受训者增添一些与挫折抗争的经验。

2. 受挫频率与抗挫力

如果一个人在生活中遭受挫折的频率过高，其对于挫折的承受力必然会大为降低，有道是"一朝被蛇咬，十年怕井绳"。

有一句俗语，"屋漏偏逢连阴雨，船破又遇顶头风"，说的就是连遭挫折，情何以堪的痛苦情境。其实，连阴雨不是因为你屋顶漏才下的，顶头风也不是因为你船破才刮的，好屋顶漏屋顶，好船破船机会是均等的，只是因为平时未能及时得到修缮才使得矛盾突出出来。一旦遭受挫折，必须及时调整情绪，否则在恶劣的心境下很可能因为思想的恍惚导致新的问题出现，造成祸不单行。

在逆境面前，有些人坦然面对，有些人惊慌失措。对待逆境的不同反应，取决于人的逆境商高低。

逆境商也叫挫折商，就是一个人面对逆境振作起来的能力。对于智商、情商我们都已经比较熟悉，以为那就是一个人能否成功的决定因素。但是，我们却经常看到有些智商和情商都不低的人在事业上却不能成功，在屡屡失败面前他们甚至一蹶不振。这是因为他们的逆境商不够高。不同逆境商的人在面对同样的挫折时，有着不同的反应。在智商和情商相差不多的情况下，逆境商对一个人的人格完善和事业成功起着关键作用。由美国著名的管理学教授保罗研究的成果证实：一个人的逆境商越高，越能化危机为转机。一个人事业成功必须具备智商、情商、逆境商这三个重要的因素。

现实生活告诉我们，那些思想高尚、性格坚强、胸怀开阔、处世豁达、身心健康的人抗挫折能力较强。那些意志薄弱、名利熏心、胸怀狭窄、孤僻内向、体弱多病的人耐挫力较差。其实耐挫力是可以通过平时的训练提高的。只要正确地认识挫折，冷静客观地分析挫折的原因，不断调整自己，乐观、豁达地看待人生，建立和谐的人际关系，自身的抗挫力就会不断得到提高。

第二章 在逆境与挫折中砥砺抗挫力

俗话说:"人生不如意之事十有八九。"人的一生中充满了各种艰难险阻,不可能一帆风顺的。能够成长在逆境中的人,永远都是生活中的强者。逆境对强者而言,并不是坏事,它反而是成功必不可少的条件,因为逆境的熔炉能够让你脱胎换骨,成就全新的自我。

逆境是人生的润滑剂

人在追寻理想的道路上必然会遇到各种挫折，面对挫折你应该积极对待。

其实，在很多时候，人们遭遇了不幸，归根结底还是自己的原因。例如，学习成绩不好，是因为你上课没有认真听讲，或者是课下没有认真复习；如果你做生意赔本了，肯定是有些地方疏忽了……所以，此时你最应该做的就是检讨自己，发现自己的缺点和问题所在，只有这样，才能改正，保证不会再犯同样的错误。所以，无论何时何地何事，遇到挫折就要反思：我在什么地方出错了呢？

每个人自从出生就难逃面对困难的命运，即使是古代的皇帝或者是现代的国家领导人，他们跟普通人都是一样的，会在无意中受到挫折。

人的一生就如同进行了一次旅行。在这个过程中，人们会遇到各种各样的问题，也会收获颇多。如果我们在前进的过程中跋山涉水、走狭路、过险桥，此时必然是痛苦相伴；如果到达了我们理想中的地方，看到好山好水好景，我们必然是非常高兴的。但我们却不可能常驻于此，而是将其留在记忆的深处。重新起程，开始追寻新的目标。

所以，无论是遇到高兴的事情还是遇到让你沮丧的事情，你都应该将其看作平常事。因为人生就是在顺境和逆境中度过的，例如，当你成绩非常好，考上了理想中的大学，那就是处于顺境之中；而如果大学毕业之后，没有找到理想的工作，那就是处于人生的逆境中。此时，我们都应该相信逆境很快就会过去，这是为未来更好的发展做准备的，只要能做到这样，相信你必然有一个美好的前程。

如果想成为一个成功的旅行家，那就应该有面对困难的勇气，只有这样才能达成自己的目标。同时，你也能享受其中的乐趣。所以，当遇到挫折，一定要多忍耐，找到解决问题的方法，只有这样，才能培养自己的信心，这样才能有更多的机会。

如果你遇到了困难，还是无法理解为什么这样的挫折落到自己的头上，或者是找不到解决问题的办法，你可以换一种考虑问题的角度和方法，如既然机会垂青于有准备的头脑，那就从现在开始为成功做好准备吧。把每一次困难看成是锻炼自己的机会，好好努力，即使这次失败了，但如果继续努力，当机会来的时候，你肯定能抓住并能取得成功。同时，如果你不能保证下次成功，但最起码能保证不会犯同样的错误。

从另一个方面来说，那些真正懂得旅行乐趣的人，必然希望经历更多，这样可以积累更多的经验。他们认为，经过了很多挫折的磨炼之后必然能到达别人到达不了的境地。

同样，懂得人生的人也是如此。他们不希望过一帆风顺的生活，他们期望过那些通过自己打拼而奋斗出来的生活，那是充满朝气和活力的。在他们看来，经历较多的人才懂得生活的真正滋味。无论是面对穷、富、苦、乐的生活，他们都能应对自如。

很多时候，你并没有陷入绝境，但如果你的心堕落到了谷底。只顾捶胸顿足，怨天尤人甚至逃避责任，这样你只能埋葬在山谷不见天日的泥土里，腐烂，消失。

有这样一个故事：有一位旅行者在攀登一座高山的时候，由于山途险峻，他不慎失足跌下山崖，正在那一刹那，他听到了自己的声音回荡在山间。他渴望能活下来，于是出于本能，他最终抓住了一根悬于崖壁的枯藤。但令他更痛苦的时候，他看见一只山鼠正在啃那根救命藤，但看到万丈深渊,他害怕了,恐惧遍布全身。不过他是个勇敢的旅人,从小受过最优秀的训练,虽然身处逆境,但对于自己所处的困境,他沉着冷静,想到自己既然是一个热爱大自然的人,如果真的死在自己喜爱的大自然中也是一件幸福的事情,所以整个人就放松了下来,突然间,他看到了一块可以立身的岩石。

其实在很多时候,人并没有陷入绝境,是我们自身悲观的心"帮"我们断了后路。古人云:"人生不满百,常怀千岁忧。"所以,很多时候,我们都是庸人自扰。如果在任何时候,我们都与上面提到的那位旅行者一样,在面对问题的时候,用"人生无非几十年,有花堪折直须折"来思考,必然会达到另一种人生境界。如果用消极的心态面对事情,必然是不堪一击的。

或许,山谷和山峰没有什么区别,只是在很多时候由于人们过度伤心和绝望,将山谷的棱角给消减了,或者是陷落下来,最终成为谷底。

楚霸王血把乌江染红了。一代枭雄就这样被打败了。当时虞姬在他身边歌舞着香消玉陨,青白色的骓听着四面楚歌倒在营帐外。虽然他一直看不起刘邦,但做梦也没想到会输给刘邦,他无颜面对江东父老,最终选择了自绝。

而看惯了西楚霸王的英武张扬,虽然贵为皇族宗亲,但是无论是从相貌上,还是从才干上,他没有一点大王风范。官渡一役,曹操大破袁绍,势力弱小的他偷袭许都失手,只得仓促逃往荆州投奔刘表。最终在艰难困苦中还是没能成气候。

但一个卖草鞋的商贩却在面对自己的落魄困境时,没有低头,而是怀揣着雄心壮志,努力实现自己的理想和目标。他寻找新的发展方向,最终有了自己的一块田地。他从来没有功高自傲的心境,而是踏实做人和做事。他曾经躬亲南阳,三顾茅庐,请得卧龙出山,凭借自己的能力划出蜀汉版图,力促三足鼎立之局。在221年,他在成都称帝,立国号为"汉"。此人就是蜀汉政权的创立者——刘备。他虽然身处谷底,但凭借自己的能力却一步步走向了山的最顶峰。

虽然在你眼中，很多困难成为了"逼你走上绝路的阎王"，但此刻应该镇静、冷静，好好地想一想问题到底出在哪里，然后找到具体的根源，并且不断努力，化压力为动力，最终就能走向成功。总之，要努力做到绝处逢生。

如果此时你正处在人生的低谷，那么你应该感到高兴，因为你的潜力非常大，只要努力，就能前进，而且还会受到肯定。其他处于高峰期的人虽然此时"春风得意"，但总有走泥泞道路的时候，因为这是必然的，所以，要相信自己度过这段困难期之后，好日子马上就会到来。

也许，这个世界上从没有过"谷"。"谷"不过是人们心中的模样，是人们心中对荆棘之地的畏戒之心。当你跌入人生的低点，你若相信命运的不公平，你若只是低头哭泣而不是摸索前行，对不起，你永远也走不出生活的阴影。

当你面对人生中突如其来的高山，当你在山脚下徘徊不定犹豫不前的时候，不要停下踌躇的脚步。攀登是危险的，你也很有可能在攀登时重新坠下悬崖，但如保尔曾写下的日记中所说：人活在世上，是应该做些有意义的事情的。若选择放弃，你舍弃的便不只是一次攀登高峰的机遇，而是你人生的希望。

逆境是通向理想彼岸的捷径

逆境使人坚强，逆境是达到真理的一条通路。对于富有才华和热爱劳动的人来说，不存在任何障碍。

在人生的路途上，不可能是一帆风顺的，每个人都可能遭遇逆

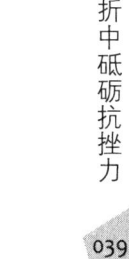

境、困境或者说厄运，逆境无法回避，困境也是生活组成的部分，厄运人人必须面对。有的人即使被厄运撞得浑身伤痛，仍一如既往地对生活怀抱着理想和希望，没有音乐也照样跳舞。有的人与厄运一相遇，心中泛着金属光泽的理想顷刻间就破碎了，从此眼里只看到自己的失败。认为自己所遭遇的逆境，是横亘在面前的海洋。人生逆境有千种，应变之道有方法。每一种逆境都需要高超的智慧去应对，逃避愚昧，即智慧之始。卓越的人生一大优点是，在不利和艰难的遭遇里百折不挠。

一生中，谁都会遇到困难和挫折。然而，为什么同样的经历，有的人走向了成功，成为了生活的强者，而有的人却被困难的旋涡所吞噬，最终归于平庸。其实，成为强者和沦为弱者的分别就是是否能够聪明应对逆境。在遇到逆境的时候，很多客观条件会提示你不要一意孤行，此时你最需要做的就是找到解决问题的出路，或者是另辟蹊径。另外，有些人身处逆境，却永远摆脱不了这个樊笼，因为他没有好的心理。所以，在困难中，我们应该考虑自己的优势和长处，而不是在绝望中度过。否则就会淹没自己的想法，最终失去立场。任何时候，"世上无难事，只怕有心人"是最好的激励武器。只要成为克服困难的强者，必然会遇到任何问题都不会泄气，有的只是勇气和毅力。

有位心理学家曾经做过这样一个实验：他把一只小白鼠放到一个装满水的水池中央，虽然水池很大，但仍在白鼠游泳能力可及的范围之内。在小白鼠落水之后，它没有马上游动，而是转着圈子发出"吱吱"的叫声。其实它这样做是为了探测水池的边缘在哪儿，具体的距离有多少。这些是通过鼠须可以探测到的。一会儿，小白鼠借此判断出自己的位置及离水池边沿的距离，然后不慌不忙地朝着一个选定的方向游去，很快就游到了岸边。无论做几次试验，结果都是如此。

为了得出更准确的结论，心理学家又把另一只小白鼠放到水池中央，但此时这只小白鼠的鼠须被剪掉了。虽然小白鼠落水后做出了同样的举动，但它无法探测出距离的长短，一段时间之后，小白鼠累死了。

关于第二只小白鼠的死亡原因，心理学家这样解释：小白鼠无法测定方位，自认为无论如何是游不出去的，因此停止了一切努力。心理学家最后得出结论：在生命彻底无望的前提下，动物往往强行结束自己的生命，这叫"意念自杀"。不可否认，这样的悲剧也往往发生在人的身上。对于人而言，溺死人的"水池"就是所谓的逆境、困境或者说厄运。逆境无法回避，困境是生活的一部分，厄运人人必须面对。人无论遇到怎样的逆境和厄运，一定不能绝望，不能让逆境淹没自己的理想。

在逆境中，我们要认识自己，更要反思自己。身处逆境时，首先要冷静思考，分析造成目前状况的原因，重新审视自己的能力与处理问题的方法，调整自己看问题的角度。明确了问题之后，反思自己应该如何解决这些问题，反思自己应该为这样的情况负什么责任。所以逆境就像一面镜子，他会把我们最原始的素质与技能显现出来，使自己明白该如何找对方向进行努力。逆境可以锻炼一个人的应变能力和思变能力。一般在逆境中都是抵抗力表现弱的时候，容易看不清问题，或者看问题不全面，进而做出不合理的决策等。正因为这样，我们更应该有意识地强迫自己规避这些状况的出现，而应该积极应对，不断改变自己的策略，尝试不同的方法，强制自己用不同的方式来应对，尽快调整自己，让自己能够主动地应对变化。

身处逆境志更坚，心更明。人生的不同阶段，我们都会遇到与自己期望不同的时候，或大或小，但不管事情是什么，最终都会给自己的判断造成影响，磨炼来自于不断接受新的挑战，成长来自于能够坚定自己的信念。在逆境中经过积极应对后，会发现目标更清晰、更坚定。所以逆境更能使我们志向坚定，心态稳定。

逆境是人生的财富，弥足珍贵。我们都渴望自己的生活和工作平步青云，一帆风顺，越来越好，但是事实不可能像可能我们期望的那样，总会在不经意间不如意就来到了我们身边。正确面对是我们唯一经历这段时期的方法。记得有位大师曾经说过，磨难是一个人最大的财富。我们好好珍藏这些记忆，努力付出度过艰难的心路历程，过后就发现原来这样的过程如此美妙，会给自己带来这么多意想不到的收获。

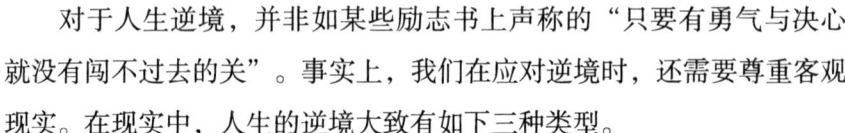

逆境三部曲

对于人生逆境，并非如某些励志书上声称的"只要有勇气与决心就没有闯不过去的关"。事实上，我们在应对逆境时，还需要尊重客观现实。在现实中，人生的逆境大致有如下三种类型。

1. 虚拟的逆境

对自己能力的无端怀疑，对一件小事的过分专注，甚至对自己某一个想法的过分固执，都会导致我们把自己关进自己心中的死囚牢狱。这是一类非常可怕的逆境。它是虚拟的，可以出现在任何时候、任何地方和任何条件下，成为我们生活中的幽灵。不过，正因为它是我们自己虚拟出来的，所以，只要我们调整自己的心态，改变自己的想法，它就会最终被消除掉，不再干扰我们的人生。

2. 激励性逆境

我们在跃过一道壕沟时，总是先要后退两步，给自己一个鼓足劲的准备动作，然后奔跑，起跳，完成跨越。这类逆境就是起这样的作用。它告诉我们，我们正面临着人生的一个腾飞跨越，因此必须停下来，做好充分的思想准备，调集自己全部的能量，然后蓄势而发实现一次人生飞跃。面对这样的逆境，我们所要做的就是认真对待它，而不要惧怕它，运用我们全部的智慧去迎接它。许多伟人正是看到了这类逆境后的巨大成功，他们不遗余力地去战胜这样的逆境，并且最终赢得了人生。

3. 保护性逆境

由于人们思考和能力的局限性,我们常常会走上歧途,这时,亮着红灯的逆境就是一种警示,使我们意识到前面的危险,回到正确的道路上去。比如,臭氧层的破坏导致大自然对人类产生了报复,从中我们意识到了生态平衡的重要意义。于是,我们开始治理环境消除污染,大力实施环保措施,以使我们能够在一个和谐的环境里健康生存。有时,身体的疾病,夫妻间的不和,朋友间的疏远,也是一种这样的逆境,让我们反思自己,是不是在追求一种与自己真的所爱相违背的东西,是不是我们正在做着一件损人又害己的事情。对于这样的逆境,我们必须认真接受它给予我们的警示,不能一意孤行;否则,最终不仅不能成功,还会导致自己的惨败,甚至还会连累家人和朋友以及所有爱我们的人。所以称这一类逆境为保护性逆境。

逆境与希望同在

拿破仑出身于穷困的科西嘉没落贵族家庭,他父亲送他进了一所贵族学校上学。他的同学都很富有,他们大肆讽刺拿破仑的穷苦。拿破仑非常愤怒,却一筹莫展,屈服在威势之下就这样忍受了5年的痛苦。但是每一句嘲笑,每一次欺侮,每一种轻视的态度,都使拿破仑增加了决心,发誓要做给他们看看,证明他确实是高于他们的。

他是如何做的呢?这当然不是一件容易的事,他一点也不空口自夸。他只是在心里暗暗计划,决定利用这些没有头脑却傲慢的人作为桥梁,使自己成功。

在拿破仑当少尉的时候，他也遭受了很大的困难和打击，其中最为严重的是他父亲的去世。从那以后，他不仅要省吃俭用，还要省出自己的薪金帮助母亲照顾家人，这样生活还是很困难。后来，他接到第一次军事征召，要求其必须步行到遥远的发隆斯去加入部队。等他到了部队的时候，他看到很多人在享受，而由于其自身的原因使他在事业上不能顺风顺水。同时，在其他的竞争中，由于经济困难，他也输给了对手。这种情况促使他这样考虑：如果我继续跟以前一样跟他们竞争，是肯定没有胜算的。那唯一的办法就是改变竞争方针，所以就多读书吧。读书是非常自由的，他不需要资金的支持，只需要到图书馆花些时间就行。在读书的过程中，拿破仑有了很大的收获。当时，他所读的书并不是那些没有意义的无用的书，而是一些为他的目标打基础的书籍。他的目标就是让大家知道自己是很有才华的。通过几年的用功，他已经学有所成了。

长官见拿破仑的学问很好，便派他在操练场上做一些工作，这是需要极复杂的计算能力的。他的工作做得极好，于是他获得了新的机会，并开始走上有权势的道路了。这时一切的情形都改变了，从前嘲笑他的人，现在都拥到他前面来，想分享一点他得到的奖励金；从前轻视他的，现在都希望成为他的朋友；从前藐视他矮小、无用、死用功的人，现在也都改为尊重他。他们都变成了他的忠心拥戴者。

难道这是天才所造成的奇异改变吗？抑或是因为他不停地工作而得到的成功呢？拿破仑确实是聪明，他也确实是肯下功夫，不过还是有一种力量比知识和聪明来得更重要，那就是用坚韧的毅力直面眼前的困难。

有三只青蛙一同掉进一只装满鲜奶的桶中，第一只青蛙说："这是神的旨意。"于是，它盘起后腿，一动也不动。

第二只青蛙说："这只木桶太深了，我实在没有办法跳出去。"说完，也同样动也不动，不久，这两只青蛙就都被淹死了。

只有第三只青蛙没有放弃努力，它想："只要我的后腿还有些力

气,我就一定要把头伸到鲜奶上面。"它就这样慢慢地游啊,游啊。忽然,它觉得它的腿碰到了一些硬硬的东西,试试,居然能够站在上面。原来,它不停地游来游去,把鲜奶搅成了奶酪。第三只青蛙站在奶酪上面,一跃跳出了桶外。

每个人都可能有置身逆境、遭遇坎坷、工作困难、事业失意的时候,可以说,在我们每个人没有降生到这个世界之前,就被注定了要背负起经历各种困难折磨的命运。既然是前生注定,那么今生的苦苦乐乐就是难以避免的。做生意顺利时,财源滚滚而来,取之不尽,用之不竭。一旦遇上风险逆境来临时,就又要过一段节衣缩食的日子。不够坚强的人当逆境来临时,就会匆匆结束这次旅行,提前承认自己的失败;而假如我们足够坚强,就应该明白,我们就是为经历这些逆境而来的。

逆境之中应该顽强。谁都有失败的时候,即使是在艰难中,也应该奋斗,如果不采取行动,那就只能坐以待毙。学着正视失败,学着在失败中书写成功人生。

在逆境的坚持中崛起

信心、恒心、耐力是成功的前提。就像行走在无边无际的沙漠中,只有坚持不懈的人,才能找到生命的绿洲,取得水源,获得生机。可见,坚持是我们战胜困难的源泉,获得成功的动力。

在对生活和事业无止境的追求的道路上,有的人浅尝辄止,遇到困难、挫折或失败,就掉头离去,因此绝大部分错过成功的人缺少的是持之以恒的精神。那些最终取得成功的人都是在遇到挫折时,没有怀疑自己，更没有就此放弃，而是潜心分析失败的原因，重整旗鼓，再来一次！正是在这种锲而不舍精神动力的支持下，他们最终得到了成功之神的垂青。

在北京成功举办的第二十九届奥运会就是我们国家坚持不懈申办的结果。再看看那些获奖的运动员，哪一个奖项不是长年坚持训练用辛勤汗水换来的成果！

不要只看到鲜花和掌声，要看到成功背后的汗水和坚持不懈的精神。

第二次登上奥运会最高领奖台的陈艳青，"坚持"让她变为传奇人物。都知道，女子举重是年轻人的赛场，以前强大的中国女举从无人在奥运卫冕就是明证。陈艳青在29岁的时候做到了，百分之百的成功率居然让这个伟大的时刻，看起来没有惊心动魄的壮观场面。当陈艳青凝重地走上举重台时，不会有很多人知道，她曾三度想过放弃这项事业。

多次的训练使得陈艳青"练得没了七情六欲"，她说，她想回趟家，想谈场恋爱，想攻读个学位。平静的陈艳青，平静的奥运卫冕冠军，她只在跟自己进行着一场比赛，对手只有川流不息的时间和曾经迟疑的决心。当她决定坚持下去时，就没人再挡在她的前面。

困难就如拦路虎，坚持下去，困难必将倒在你的脚下。任何人的命运都掌握在自己手里，你要成为一个什么样的人，取决于你是否坚持走自己选择的路。

"成功的花儿，人们只惊于她现时的明艳，殊不知，她当初的芽儿，浸透了血和泪花。"我国著名作家冰心这样说。

成功就像美艳的花，需要辛勤的培育，这是一个不断追求、坚持到底的过程。

古今中外，能够在逆境中坚持不懈的人不乏其例，古希腊哲学家苏格拉底就曾这样教育学生。一天苏格拉底在给学生上课的时候，对学生说："今天咱们只学一件最简单也是最容易做的事。每人把胳膊尽量往前甩。"说着，苏格拉底示范了一遍，"从今天开始，每天做300下，大家能做到吗？"学生们都笑了，这么简单的事，有什么做

不到的!

一个月之后,苏格拉底问学生:"每天甩300下,哪些同学坚持了?"有90%的同学骄傲地举起了手。又过了一个月,苏格拉底又问了一遍,这回坚持下来的学生只剩下八成。一年后,苏格拉底再一次问大家:"请告诉我,最简单的甩手运动,还有哪几位同学坚持了?"这时,整个教室里,只有一人举起了手。这个学生就是后来成为古希腊另一位大哲学家的柏拉图。

成功不是一蹴而就的。它是经受住冰刀霜剑的洗礼,从坚硬的土壤中钻出的第一棵新芽;成功是穿越了狂风巨浪的阻挡,安全抵达海港的风帆。其实,人生的过程也是一个不断坚持、不断积累的过程。"合抱之木,生于毫末;九层之台,起于累土;千里之行,始于足下。"只要有坚持走下去的决心和毅力,每个人都能够抵达心中的目标!

尼克松总统曾经身处逆境,但他坚持不懈,终致所成。众所周知,由于"水门事件",尼克松总统被迫辞职。从辞职到他逝世前的二十年中,他经历了巨大的精神折磨。突然降临的失落与忧愤,媒体的穷追猛打和冷嘲热讽,亲人朋友们对他避之不及,使62岁的尼克松患上内分泌失调和血栓性静脉炎,医生说他基本上是一个废人。

成为"废人"的尼克松却没有丧失信心,他虽身患重病,却坚持不懈连续撰写并出版了《尼克松回忆录》《真正的战争》《领导者》《不再有越战》和《超越和平》等一系列畅销全球的著作,以在野身份继续关心和介入美国内政外交,直到生命的终点。

青春有限,流水无情。逆境中倘若停下脚步,去哀叹人生,诅咒命运,即使将开启命运的金钥匙交给你,也难以打开好运的大门。手上紧握毅力这把钥匙,自强不息,奋斗不止,命运女神自然会眷顾你,你自然会享受成功的喜悦,退一步说,即使不成功,也问心无愧,没有枉费人生。

世界文坛天才作家爱伦·坡一生经历了许多屈辱与苦难。

爱伦·坡很小的时候就成为孤儿,受尽了白眼与欺辱。在被一个富有的烟草商人收为养子后,由于不能博得养父的欢心,竟被骂为"白痴"并被用棍棒打出家门。在他26岁时,他与表妹维琴妮亚不顾一切地热恋并结了婚,那是爱伦·坡一生中最美好的时光,但也给他带来了莫大的痛苦。许多人认为他疯了,劝他尽早结束这幕悲剧;有更多的人奉劝维琴妮亚离开这个穷光蛋,在他们眼里,爱伦·坡根本不配拥有爱情和一切美好的东西。

生活的困窘使得爱伦·坡夫妇在很多时候穷得连饭都吃不起,就更不用说付每月三美元的房租了。不久之后,维琴妮亚便病倒在床,爱伦·坡没有钱为自己的妻子买食物和药品。他们整天饿着肚子,只好用院里的车前草花来充饥。除了肉体的折磨,还有来自于旁人的冷嘲热讽。面对外界巨大的压力和生活的落魄,爱伦·坡夫妇却用世间最牢固的爱情击垮了一切流言,始终彼此恩爱。爱伦·坡每天几尽疯狂地写诗,渴望成功的强烈愿望使他忘记了一切痛苦,在他的脑海中,只有两个字——奋斗!

身体再好的人也敌不过连日的饥寒交迫。在一个寒冷的冬夜,带着对爱伦·坡深深的爱,虚弱的维琴妮亚离开了人世。失去了爱妻,爱伦·坡几乎崩溃了,唯一支撑他的就只有成功的信念了。在爱妻的坟墓旁,他强忍着泪水和思念,笔耕不辍,把全身心热情投身于创作之中。他的感人肺腑的作品《爱的称颂》使他闻名于世,并获得了自己人生的成功。

鲜为人知的是,在爱伦·坡坚持创作的众多的诗作中,有一篇不朽的名诗《乌鸦》,足足花费了他10年的时间,可是当时仅卖了10美元,成为当时当地最大的笑话,爱伦·坡因此被认为是弱智与无能之辈。但是那些嘲笑爱伦·坡的人可曾料到,这首诗的原稿在当今已售价数百万美元。

竞争无处不在,每个人每一天都要承受来自于竞争所产生的方方面面的压力,它并不会因为我们的忽略、逃避而消失。如果我们能够积极地去面对逆境中出现的问题,想方设法解决它,那么压力就会化

为前进的动力与我们性格上的韧劲，从而促进事情向良性发展，进而取得成功。

困境击不垮有志者

追求成功如逆水行舟，不进则退。我们如果只能在诸事顺利的情形下赢得胜利，不但体现不出大将的风范，而且胜利也只是暂时的，不稳固的。逆水行舟才能看出船老大的本领；困境奋起，以勇气和坚韧不拔赢得成功，才是难能可贵的。成大事犹如寻道登山，勇敢的人才能攀上绝顶。狭路相逢勇者胜。气贯长虹，料敌如神，才能战胜对手。在追求成功的过程中，你若失去了财产，你只失去了一点儿；你若失掉了勇气，你就把一切都失掉了。

伊尔莎年轻的时候，有一次，父亲带她登上了罗马一座教堂高高的塔顶。

"往下瞧瞧吧，伊尔莎！"父亲说道。

伊尔莎鼓足勇气朝脚底看去，只见星罗棋布的村庄环抱着罗马，如蛛网般交叉弯曲的街道一条条通往罗马广场。

"好好瞧瞧吧，亲爱的孩子，"伊尔莎的父亲温柔地说，"通往广场的路不止一条，生活也是这样。假如你发现走这条路达不到目的地，你就走另一条路试试！"

伊尔莎的理想是成为一名时装设计师。但是，在追求这个理想的过程中，伊尔莎发现自己并不适合干这一行。此时，她想起了父亲曾经对自己说过的话，于是决定转变自己前进的方向。

于是，伊尔莎就来到了巴黎这个世界时装中心。有一天，在街上游荡的时候，她碰巧遇到一位朋友，她看到这位朋友穿的毛绒衣非常漂亮，于是就问朋友：编织这件毛衣的人叫什么名字？朋友告诉她：维黛安。

此时，伊尔莎的脑海中突然出现了一种更新颖的毛线衣的设计。同时，她又想到了一个更关键的问题，那就是：利用父亲的商号开一家时装店，自己设计、制作和出售时装。而这家时装店最先设计和出售的是毛绒衣。

所以，回到家之后，她在最短的时间内把毛线衣设计制图画出来了，然后又找到了维黛安太太，麻烦她先给织一件。很快，维黛安太太就把毛衣织出来了。当时，看着这件漂亮的毛衣，伊尔莎决定穿着这件毛线衣参加一个时装商人午宴，没想到，在如此短暂的时间内，纽约一家大商场的代表立即订购了40件这样的毛线衣，交货时间是两星期。不期而来的生意使伊尔莎欣喜若狂。

正当她满怀欣喜地把这个好消息告诉维黛安太太的时候，维黛安太太的话语让伊尔莎的好情绪顿时消失得无影无踪。维黛安太太说："你知道吗？编织这么一件毛线衣，几乎要花掉我整整一星期的时间啊！两星期要40件是根本不可能的。"

如果自己完成不了这个任务，肯定会影响日后的生意和前途的，但如何才能达成自己的目标呢？此时，她开始对自己进行积极的心理暗示：肯定还有别的办法。编织这种毛线衣虽然需要一定的技能，但会这种技能的人肯定不只维黛安太太一个人。

此时，伊尔莎连忙赶回维黛安太太家，向她表达了自己的想法。维黛安太太觉得有道理，所以决定帮助这位认真、努力的小姐。没想到，在很短的时间内，她们就找到了会编织这种毛衣的20位太太。

所以，在客户规定的时间内，毛衣保质保量的完成了。从伊尔莎新开的时装店，装上了开往美国的货轮。从此之后，伊尔莎的时装店越来越红火。

其实，成功与失败之间没有很远的距离，很多时候，二者只有一线之隔，成功与失败只在你的一念之间。无论在何种情况下，成功的人都会把各种困难当成磨炼自己的对象，并最终摆脱困境，走向成功的彼岸。在他们看来，这些失败和教训不是什么坏事，而是经验，它们可以保证自己不会在同样的问题上栽跟头。所以，他们最终迎逆流而上，成为同行中的佼佼者。

卡耐基在纽约市教授成人教育课程时，发现很多人都有一个很大的遗憾，就是没有机会接受大学教育，在他看来，无法接受大学教育是一种人生的缺陷，但很多没有上过大学的人仍然成功了。所以，即使没上大学也没有什么遗憾的，在他授课的时候经常讲一个失学者的故事。

他的童年非常贫困，父亲去世后，靠父亲的朋友帮忙才得以安葬。他的母亲必须在一家制伞工厂一天工作10小时，再带些零工回来做，做到晚上11点钟。

在这种环境中，他仍然奋发图强。当他参加教会的戏剧表演的时候，开始觉得表演非常有趣，觉得自己非常喜欢。后来感觉到演说能力是非常重要的，于是就开始训练自己公开演说的能力。再后来他进入政界，30岁时，他已当选为纽约州议员。但官职太大，他实在是心有余而力不足。当他被选为议员之后，对于议员的责任没有很好的了解，但由于知识缺乏，又看不懂那些冗长复杂的法案，所以非常痛苦。后来，他被选为森林委员会委员，可是因为他不了解森林，所以他又非常担忧。在被选入银行委员会后，由于他连银行账户也没有，所以茫然是必然的。然而，在绝望中，他没有放弃，而是认真读书，最终从一位地方政治人物提升为全国性的政治人物，如此突出的表现，最终使他成为《纽约时报》尊称的"纽约市最受敬爱的市民"。

这位传奇人物名叫阿尔·史密斯。他充分克服了自己的弱点，最终取得了成功。通过自我教育，阿尔成了纽约州政府的活字典。他是一位受人钦佩的人物，并创造了一系列的纪录，如连任4届纽约州州长；1928年，他当选为民主党总统候选人。

阿尔亲口告诉卡耐基，如果不是他一天勤读16小时，把他的缺失弥补过来，他绝对不可能有今天的成就。

一位智者曾经说过："你不可能遇到一个从来没有遭受到失败或打击的人，你也同样会发现人们成就的大小，和他们遭遇困境、克服失败和打击的程度成正比。"

其实任何困境都能成为成功的奠基石。然而，处于困境中的人是根本看不到这种机会的，所以，我们应克服这个缺点。当面对问题的时候，一定要沉着冷静，充分发挥自己的聪明才智，最终找到解决问题的办法。

并不是每一位成功的人都能在面临困难的时候有敢于战胜困难的勇气和决心，他们是经过不断的磨炼而最终成功的。正因为他们学会了如何面对恐惧和失败，才能从中吸取经验和教训，将其转变为自己前进的动力。如果你是一名学生，成绩不好的话也不要垂头丧气，因为很多名人也是从这一步走过来了，如丘吉尔一生际遇坎坷，求学时成绩不好，在骑兵队里也一直升不了官，荣升财政大臣时，又碰上世界货币危机；爱因斯坦在上学的时候，数学成绩非常不好……虽然困难重重，但他们在困境中找到重生的机会，战胜了自己，取得了举世瞩目的成就。

困境有时候也是一种机遇

一天，狮子来到了天神面前："我很感谢你赐给我如此雄壮威武的体格、如此强大无比的力气，让我有足够的能力统治整座森林。"

天神听了，微笑着问："但是这不是你今天来找我的目的吧！看起来你好像被某些事困扰着呢！"

狮子轻轻吼了一声，说："天神真是了解我啊！我今天来的确是有事相求。尽管我是百兽之王，但是每天天亮的时候，我总是会被鸡叫声给吵醒。神啊！祈求您，不要让鸡在天亮的时候叫了！"

天神摊了摊手，无奈地说道："你去找大象吧，它会给你一个满意的答复的。"

狮子跑到湖边找到大象，看到大象正在气呼呼地直跺脚。

狮子问大象："你干嘛发这么大的脾气？"

大象拼命摇晃着大耳朵，大声说着："有只讨厌的小蚊子，钻进我的耳朵里，我都快痒死了。"

狮子离开了大象之后，心里暗自想着："原来体型这么巨大的大象，还会怕那么瘦小的蚊子，那我还有什么好抱怨的呢。毕竟鸡一天只叫一次，而蚊子却是无时无刻在骚扰着大象。这样想来，我可比它幸运多了。"

狮子一边回头看着暴躁的大象，一边想："谁都会遇上麻烦事，但只要看看别人，这点麻烦就算不上什么了。以后只要鸡一叫，我就当作是鸡在提醒我该起床了，对我还有好处呢。天神要我来看看大象的情况，应该就是想告诉我：只要想开了，困境就不再是困境，而是机遇了。"

一个障碍，就是一个新的条件，只要愿意，任何一个障碍，都会成为一个超越自我的机遇。所以，困境在有些时候反而是机遇。

生活中，我们只要碰上一些不顺心的事，就会习惯性地抱怨上天亏待我们，希望老天赐给我们更多的力量和幸运，帮助我们渡过难关。但实际上，老天是最公平的，就像它对狮子和大象一样，每个困境都有其存在的正面价值。只要以正确的态度去对待，它未尝不是一种机遇。

有一个10岁的小男孩儿，在一次车祸中失去了左臂，但是他很想学柔道。

最终，小男孩拜柔道大师做了师父，开始学习柔道。他学得不错，可是练了3个月，柔道大师只教了他一招，小男孩有点搞不清楚了。

他终于忍不住问师父："我是不是应该再学学其他招式？"

柔道大师回答说："不错，你的确只会一招，但你只需要会这一招就够了。小男孩并不是很明白，但他很相信师父，于是就继续照着师父的话练了下去。"

几个月后师父带着小男孩去参加他的第一次比赛。小男孩自己都没有想到居然轻轻松松地就赢了前两轮。第三轮稍微有点艰难，但对手很快就变得有些急躁，连连进攻，小男孩敏捷地施展出自己的那一招，又赢了。就这样，小男孩顺利地进入了决赛。

决赛的对手比小男孩儿高大、强壮许多，也似乎更有经验。小男孩儿显得有点招架不住，裁判担心小男孩儿会受伤，就叫了暂停，还打算就此终止比赛，然而柔道大师不答应，坚定地说："继续下去！"

比赛重新开始后，对手放松了戒备，小男孩立即使出他的那一招，制服了对手并因此赢得了比赛，获得冠军。回家的路上，小男孩和柔道大师一起回忆比赛的每一个细节，小男孩儿鼓起勇气说出了心里的疑问："师父，我怎么凭一招就能赢得冠军？"

柔道大师答道："有两个原因：第一，你几乎完全掌握了柔道中最难的一招。第二，就我所知，对付这一招唯一的办法是对手抓住你的左臂。"

所以，小男孩最大的劣势反而变成了他最大的优势。世界上无所谓绝对的缺陷和困境，只要懂得扬长避短就能海阔天空。这才是真正的取胜之道，也是智者的选择。

打开人生的另一扇门

小强家里有一只盛水的瓦罐，用了十多年，父亲一直舍不得扔

掉。一次，小强倒开水，一不小心把瓦罐摔在地上，瓦罐被摔出了一条长长的裂缝。小强想，这下父亲该把瓦罐扔掉了吧。可是父亲并没有扔掉那个瓦罐，而是把它好好地搁起来了，说以后说不定能派上用场。

过了一段时间，父亲在阳台上养了很多盆花，其中有一盆花长得特别鲜艳。小强一看花盆，正是那只有裂缝的瓦罐。父亲见他疑惑不解的样子，就说："瓦罐有了裂缝，不能用来盛水，但用来养花却是最合适的。花盆里的雨水一旦多了，水就会顺着裂缝自动地渗透出来，使花盆不至于积水，花也就有了一个良好的生长环境，所以长出来的花也就比其他的更美丽了。"

在生活中如果你不幸遭遇了失败或者挫折，千万别"破罐子破摔"，只要你灵活运用，扬长避短，发挥你的能力，生命之花照样可以盛开。

人的一生有许多条道路，当一条路走不通的时候，你不要沮丧，因为你可以尝试着走其他的道路。上帝总是在给我们关上一扇门的同时，又会为我们开启另外一扇窗，只要我们用心地去寻找，就一定会找到属于自己的出路。

这一天，49岁的伯尼·马库斯像往常一样，提着公文包去公司上班。在20多年的职业生涯中，他勤勤恳恳，兢兢业业，才做到今天职业经理人的位置上，在他职业生涯的道路上充满了艰辛困苦。他只要再这样工作11年，就可以安安稳稳地拿到退休金了。可是，他万万没有想到，这将是他在公司工作的最后一天。

"你被解雇了！"

"为什么？我犯了什么错？"他惊讶地问。

"不，你没有过错，公司发展不景气，董事会决定裁员，仅此而已。"

是的，仅此而已。他在一夜之间，从一名受人尊敬的公司经理成了一名在街上流浪的失业者。跟所有的失业者一样，繁重的家庭开支迫使伯尼·马库斯必须找到维持生计的办法。那段日子，他常常去洛杉矶一家街头咖啡店，一坐就是几小时，化解内心的痛苦、迷茫和巨大的精神压力。

有一天，他遇到了自己的老朋友——和他一样，以前同是经理人现在也同样遭到解雇的亚瑟·布兰克。两个人互相安慰，一起寻求解决的办法。

"为什么我们不自己创立一家公司呢？"

这个念头像草原上的火苗一样，在伯尼·马库斯心中一闪，很快就点燃了压抑在他心中的激情和梦想。于是两个人就在这家咖啡店里，策划建立新的家居仓储公司，两位失业的经理人为企业制定了一份发展规划和一个"拥有最低价格，最优选择，最好服务"的制胜理念，并制定出了使这一优秀理念在企业发展中得以成功实践的一套管理制度，然后，就开始着手创办企业。那时候是1978年春天。

这就是美国家居仓储公司。仅仅20多年的时间就发展成拥有775家分店，16万名员工，年销售额300亿美元的世界500强企业。成为全球零售业发展史上的一个奇迹。这个奇迹始于20年前的一句话：你被解雇了！

是的，"你被解雇了！"是我们每个人在人生旅途中最不愿听到的一句话，但正是这句话改变了伯尼·马库斯和亚瑟·布兰克两个人的一生。如果不被解雇，他们现在只不过是靠每月领退休金度日的老人，如果不是被解雇，他们无论如何也不会进入到世界500强！

人生是一次长途旅行，当一扇门关上了，你千万不要把自己也关在里面。因为世界上不止有一扇门，一定还有另外一扇门在为你准备着，你要做的就是去寻找到这扇窗并打开它！

做人要坚强

人生随时都有可能遇到困境，或是升学无望，或是就业不成，或

是下岗待业，或是生意翻船……困境犹如船底水，云后风，伴随人生左右。困境对人，是痛苦、是挫折，更是一种推人奋进的动力。面对困境把命运的转盘是顺转还是逆转，全靠每个人自己去把握。每个人的命运中都可能会出现困境，是沮丧、绝望，还是振兴精神起来奋斗？刘云霞就属于后者，她是一个争气的人。别看她歌喉婉转清丽、容颜娇柔妩媚，可面对下岗，她比男子汉要刚毅坚强；面对商海的风云诡谲，她比行家里手更机智敏捷。

　　1981年初中毕业的刘云霞在一家街道工厂工作。后来这家民办小厂越来越不景气，刘云霞不得不回家待业。失业的痛苦对于初涉人世的她来说，仿佛是在风雨中迷路的孩子，一时间看不清前行的方向。她一次次在黄昏里徘徊在上班的小路上，一次次质问如血的残阳，这世界为什么如此不公？当看到昔日的工友下班回来，她好羡慕好嫉妒。人家为什么能留用，而自己就不行呢？刘云霞开始反省自己，别人留用并不是全靠后门，自己下岗实在是能力欠缺，贫乏的专业知识已经成为自己再就业的障碍。为此，刘云霞开始了奋斗的计划。她开始一步一个脚印地学财会、公关、计算机、开车。她认识到，命运总是为有头脑的人准备着的。

　　在20世纪80年代，建筑行业发展前景非常好，城市中的高楼大厦拔地而起。但是与其配套的运输业却并没有发展起来。当时，刘云霞意识到了这个问题，于是打算大干一场。此时，在经济上，她还非常贫穷，没有什么成本进行投资，但她还是说服了自己的父母，给自己投资买了一辆旧货车跑运输，这对一个男人来说都是难以承受的活计，更何况是对于她这样一个女人。她每天凌晨三四点起床，晚上八九点钟回家，她先做的是拉沙子的生意，后来是运砖瓦，为了挣更多的钱，她还跑长途运输。饿了就吃点馒头，就点咸菜，从没正儿八经的睡过觉。在短短一年多的时间里，她瘦了很多，但总算是功夫不负有心人，一辆车发展到了五辆，由建筑运输发展到粮食、蔬菜、旧货运输等多方面。刘云霞正是凭借着自己坚强的意志克服了重重苦难，取得了很多男人都无法做到的成功。

经过一年多的时间,刘云霞已经完全摆脱了困境,开始了创业发展。善于把握商机的刘云霞立即把目光投向了饮食业,经过一段时间努力,于1991年3月建立了沈阳陵东食品采购站,从许多食品、饮料厂家购进产品,然后在陵东市场对外批发。刘云霞利用消费热点薄利多销的举措颇受欢迎,采购站的生意越做越红火。很快采购站又增加了酒水批发业务,并于1993年成立了亨通食品经销公司。

正是凭借着自己的坚持和努力,刘云霞才实现了自己的致富梦,但是她仍没有感到满足。在1994年初,她听说有一个商店打算转兑,刘云霞决定买下来。但她晚了一步,买主已经有了。但是为了能得到这块地,她愿意出更高的价钱。在买下来之后,她斥巨资进行整修,改营酒店,提供餐饮服务。其实,这并不稀奇,因为那时酒店已经很多了,而且竞争非常激烈,干这一行必须要有自己的特色,否则千篇一律是没有好的发展前景的。很多酒店就是因为无法在竞争中立足,最终倒闭。看到这种景象,刘云霞没有泄气,她相信一定可以找到突破口。在她看来,餐饮行业拼的是管理和服务,所以只要在这两方面没有漏洞,必然会成为"佼佼者"。经过几个月的装修,在1994年3月,"金运大酒店"正式营业,她带领着员工热情迎客、送客。

对于一个从来没接触过酒店管理的女人来说,这不仅是尝试,更是挑战。从酒店运营的最开始,刘云霞就意识到了高素质员工的重要性,于是对员工在入职前进行岗位培训,这都是她亲自做的。为了能取得更好的培训效果,刘云霞亲自制订培训计划,编写教材,给员工授课。由于员工的文化底子都非常薄弱,她就买书供他们阅读。她一直强调自己的员工不仅仅是端盘子的服务员,更是一支文化含量高的服务队伍。另外,为了更好的管理,她还制定了服务员提升大堂经理制度,激发了员工的竞争意识。表现好的服务员会有升职的机会,这样就调动了所有的员工的积极性。酒店经营的关键就是有好的管理秩序和优质的服务,提高工作效率,使顾客安心、放心。

为此，刘云霞实行了以酒店为主体的计算机联网控制系统。顾客结算时用计算机把菜单价格打印出来，让顾客过目签字，服务员不可涂改。既节省了时间，又提高了工作效率，顾客对这一举措十分满意。他们说，到"金运"吃得放心，高兴而来，满意而归，归了再来。

时光荏苒，经过多年的发展，刘云霞品尝到了人间百味。在她的管理下，公司规模越来越大，员工越来越多，素质也越来越高，利润逐年增高。

也许你正处在困境中，也许你想挣很多很多的钱。然而你若不争气，不能不断地提高自己，学得一技之长，如何扭转自己被动的人生？争气的刘云霞的奋斗历程实在值得人们学习。

不做逆境的"俘虏"

所有的人都希望自己一帆风顺、总是处于顺境之中。然而，很多事情的发展是不以人的意志为转移的。如果平时不考虑遇到困难如何应对的话，那真的处于逆境中时必然会乱了阵脚。其实，处于困难中的人只要记住一点就好，那就是相信困难只是一时的，只要努力克服了，就会进入光明地带。因为我们是逆境的"主人"，而不是逆境的"俘虏"。

在一生中，谁都会有遇到困难和挫折的时候，但面对它们的时候，只要客观对待，必然是一笔财富，因为它们可以使人变得更加成熟和睿智。所以，只要坚信这一点，我们就会离成功更近。

在困难面前，每个人获得成功的机会都是一样的。但并不是每个人都能取得成功，因为成功属于坚忍者。在逆境之中，只有依靠不懈的努力、坚强的意志才能走向成功。

"昨夜西风凋碧树,独上西楼,望断天涯路。"成功的道路是孤独的,脚下的路必须自己走,无数日与夜的煎熬,多少怀疑和不解,都必须受。"高处不胜寒",高手从来都是孤独的。

"衣带渐宽终不悔,为伊消得人憔悴。"成功的道路不会是鲜花遍地,彩霞满天,内忧外患从各个方面向你袭来,令你不胜负荷,不堪忍受。

渴望成功的人们,正在逆境顽强跋涉的人们,千万别气馁,请将"忍"字深锲在心头。

通过观察,我们就会发现那些取得成功的人并不是什么"神人",只是比失败者更懂得努力罢了。他们相信"机会垂青于有准备的头脑",所以在机会还没有到来之前就已经开始做好充分的准备,等机会来临时,他们就能做到"唾手可及"。

从另一个层面来说,成功的机会也是人创造的。成功的机会既有客观性,也有主观性,是二者的结合体。如果人发挥的主观性过强,必然会影响客观环境,最终会给人一种"以人的意志为转移"的错觉。可见,人自身努力的力量是如此的强大,起着非常重要的作用。

其实,古往今来,有很多人都是通过自身的努力创造了机会,并最终取得了成功。无论身处何种环境,他们都在努力、在奋斗、在拼搏,最终造成机会的不期而遇。另外,当他们的能力达到非常好的程度之后,机会也会接踵而至,同样,这些机会的质量也是非常高的。可以说,正是因为他们的主观努力,才有了这么多好的机会。也就是说,机会是对人的努力和准备的回报。

如果机会可被每个人轻而易举地得到,那么这种机会便显得没有多少价值了。事实上,机会往往是一种稀缺的、条件苛刻的社会资源,要想得到它,必须要付出相当的代价和成本,必须具备相应的足以胜任的资格,而这一切都离不开长期艰苦的准备。

这就是机会为什么更偏爱有准备的人的原因。

我们发现"把不幸也当作是一种机会"这种积极的人生态度是成功者的一大秘诀。许多成功的人不仅是开拓机会、捕捉机会的能手，而且还有发掘高潜能、高效运用机会的能力。他们的成功启示我们，一定要提高机会的利用率，把机会发挥到最大值。

在顺境中修行不成佛

逆境对不同的人来说，产生的作用也是不同的。对于弱者，它是一种打击，而对于强者，它却是一种激励。为什么人们常说"逆境之中出人才"？因为很多人在面对困难的时候能够客观对待，正视困难，通过自身的努力和坚强的意志解决困难。经受住逆境的人必定也是具有奋发向上的意志和百折不挠的精神的人，也是有丰富的人生经历的人。

在人生中，任何人都会不可避免地遇到挫折，人们所做的不是回避挫折，而是要在挫折面前采取积极进取的态度。它体现的是一种心态，想要成为强者必须要做到这一点。

唐朝的鉴真和尚东渡的事情就是一个典型的例子。743年，他第一次东渡，正准备从扬州扬帆出海时，被人诬告与海盗串通，此次东渡目标失败了。在743年底，正当他进行第二次东渡的时候，却遇到了狂风恶浪，船只被击破，船上水没腰，这次东渡又宣告失败。

在此情况下，他镇定自若，修好船后，到了浙江沿海，又遇到狂风恶浪，船只触礁沉没，人虽上岸，但水米皆无，他们忍饥挨饿好几天，才被搭救出来，第三次东渡又遇挫折。第四次东渡因人阻挠，也未成功。

这些都不算什么，在他第五次东渡的时候遭受了最为惨重的挫折。748年，鉴真一行人又从扬州乘船东渡，船入深海不久，就遇上特大台风，船只受风吹浪涌漂到浙江舟山群岛附近。停泊二十多天后，鉴真再度入海，不料又误入海流。此时，他们的船已经随浪摇摆，不受人的控制了。

就是在这样的情形下，他们漂了七天，此时淡水和粮食都用完了，可见情形是非常惨的。在苦熬了半个月之后，终于漂到了岸边。上岸时候，他们又跋涉千里，回到了扬州。在这个过程中，鉴真身染重病，以致双目失明。但这些困难在他心中不算什么，根本无法阻碍他东渡的决心，所以继续为第六次的东渡做准备，后来终于获得了成功。他的毅力着实令人佩服。

正所谓"逆境出人才"。在佛教中有这样一句话：人在顺境中是不能修行成佛的，人只能在逆境中修行。事实证明，人们完成的最出色的工作往往是那些处于逆境中取得的成果，它更加令人信服。其实逆境并不是与人作对，而是一种考验和磨炼，它能使人变得更加坚强。

人活在世界上不可能是一帆风顺的，所以在处于顺境中的时候也要为即将可能产生的困难做准备，正所谓"居安思危"，只有这样，才不会有太大的失败或者是损失，遇到什么事情都不会慌张，因为你已经提前做好准备了。

有一个青年对生活非常不满，内心的不平衡一直折磨着他，他整日为怀才不遇而牢骚满腹。有一天，他乘同学家的渔船出海，遇到了一位老人，老人的话使他茅塞顿开。

这位老人在海上打了20多年鱼，看他那从容不迫的样子，青年心里十分佩服。

青年问他："伯伯，你每天打多少鱼？"

老人说："你不知道，孩子，打多少鱼并不是最重要的，关键只要不是空手回来就可以。在我儿子上学的时候，为了供他读书，不能不想着多打一点。现在他毕业了，又找到了工作，我也没有什么奢望打多

少了。"

青年若有所思地望着远处的海,突然想听听老人对海的看法。他说:"海是伟大的,滋养了那么多生灵……"

老人说:"那么你知道为什么海这么伟大吗?"

青年不敢贸然接话。

老人接着说:"海能装那么多水,容纳那么多生灵,是因为它位置最低。"

位置最低!听到这话,青年豁然开朗了。

这个故事中,老人正是因为把位置放得很低,所以才能从容不迫,才能悟透世事沧桑。正如海的位置最低,所以才能笑纳百川,包罗万象。青年终于觉悟了,也许放低自己的位置,就会有一个新的人生。

人生是在不断地超越中提高自己的能力的过程——提高个人能力,让自己光彩照人,让自己出类拔萃。或许你的生活曾因为一次重大挫折而陷入泥潭,但却有方法让挫折在逆境中变得豁达,让人生更为轻松。因为在顺境中修行,永远不能成佛。

要把恐惧转化为勇气,把困境转化为机遇,把自卑转化为自信。机会存在于每个人的身边,问题在于你自己如何去把握。

灾难中缔造的传奇

在这世界上,最悲惨的并不是遭遇灾难,而是一生都无法走出灾难的阴影;在这世界上,最幸运的并不是在灾难中能够逃生,而是能在灾难中学习到生存的智慧,从而成就自己的一生。

众所周知，1976年的唐山大地震损失是非常惨重的。它不仅夺取了很多人的生命，更造成了很多人心中无法抹灭的阴影。当时有一位年仅8岁的小孩子在地震过后呆坐在地上，望着眼前的废墟，很久都没说一句话。曾经的他是一个非常幸福的孩子，家人都非常爱他，但这次灾难把他父母从他身边夺走了，剩下了他和哥哥姐姐们，他们成了无家的孤儿。

他们只能接受父母去世的现实，还得继续生活下去。当时政府对灾民们进行了大力救援，他们得到了妥善的安置。但大家可以想象一下，原先的一切都已经被废墟覆盖，即使政府做得再好，他们的生活也是不幸福、不快乐的，因为很多东西是无法从记忆中抹去的。

在失去了父母之后，他跟哥哥姐姐们相依为命，日子异常艰难。他是家中最小的一个，哥哥姐姐们都打工赚钱照顾他，而他也非常懂事，一向内向的他也想要通过自己的努力帮家人分担一些，所以就去捡废品。但他还要想方设法地不能让哥哥姐姐知道。但捡废品也是非常不容易的，经常会被垃圾中的物体划破手。

后来，细心的哥哥发现了他手上的伤口，在哥哥的追问下，他把实情告诉了他，而且还交出了自己捡废品所攒的钱。就在那时，全家人抱在一起痛哭流涕。后来，他们问他："你从小就非常内向，怎么能有勇气在众目睽睽之下捡起了废品？"他抬起头告诉他们："我还要什么面子啊？那么多人躺在垃圾堆里，都没机会捡废品了，可我还活着。"

如此小的年纪竟然能说出这一番话，大家都非常吃惊。他们意识到这场地震给弟弟带来的变化，他突然懂事了。平时，只要是有机会，他就出去打工，为的就是能减轻姐姐哥哥的负担。后来，在政府的帮助下，他到一家工厂当学徒。在学徒期间，什么累活重活他都去做，如果有什么不懂的问题，他会请教老师傅，他不怕别人笑话，只希望自己真的能学到一门技术。

如此踏实肯干的小伙子吸引了一个女孩儿的目光。后来两人恋

爱、结婚。在结婚之后，他勇于承担起丈夫的责任，认真工作。慢慢地，在妻子的支持下，他开始创业。最初做的就是做早点、卖豆腐的小生意，后来发展养猪等家庭副业。在这个过程中，他积累了很多经商的经验，当他有一定的资金之后，就将其投入到了废钢生意中。

然而，踌躇满志的他说什么也没想到自己很快就栽了个大跟头。因为对废钢行业不是太了解，加上其他一些原因，他的投资很快就都赔了进去。这时，以前借给他钱的债主们也纷纷找上门来，刚刚好起来的家境一下子又窘困了起来。就在这最关键的时刻，妻子坚定地站在了他的身边，鼓励他冷静地分析一下形势，只要想好了，不管怎样都坚持做下去。

有了妻子的支持，他开始仔细琢磨起了废钢生意的前景。经过慎重考虑之后，他认为这个行业是有非常大的市场的，最后还是决定继续做这个行业。于是，他和妻子一边还上了债主们的债，一边重新做起了家庭副业来积累资金，然后将起早贪黑赚来的钱全部投在废钢生意上。

当时很多生意场的人对他的做法都疑惑不解。有的朋友出于好心劝他不要再将自己的全部钱财投资在这个行业了，因为风险太大了。有的人也会想各种理由来劝他。但他仍然坚持自己的想法，因为在他看来，连家园在被彻底摧毁之后都能再建设起来，还有什么令人害怕的呢？

由于他有着灵活的头脑，做人守信，所以生意很快就有了发展的迹象。经过一段时间之后，他的生意越做越大，很快就成了当地知名的企业家。后来，与妻子搭档，两人共同努力，不断扩大经营，最终成为了同行中的佼佼者。

当积累了一定资金之后，他又在天津建了新厂，利用天津的地理优势将生意越做越大。钱赚得越来越多，但在生活上他仍然保持着平民本色。吃饭的时候从来不讲究排场，只要吃饱就行；平时的休闲娱乐方式就是回家跟自己小时候的玩伴打牌。对待员工像对待亲人一般。他所赚的钱，除了用在生意发展上之外，剩下的大部分都用在慈善事业上。每当他做善事的时候都非常低调，从来不留姓名。

这件事慢慢传开了。很多好朋友劝他不要把自己的钱全部用来做善事，自己还是应该多留点儿钱，以备将来生意上周转应急之用。对于对方的提醒，他表示感谢，同时，他也会坚持自己的观点："我有钱了，是这些员工们的董事长；我没钱了，我就是他们的朋友。人不能做财富的奴隶，而是想办法用它做更多有意义的事情。我之所以能成为地震中的幸存者，正是因为得到了很多人的帮助。如果别人帮助了我，而我在有能力的时候却不帮助别人，你说我这样的人值得结交吗？人活着要有爱心，这样也使自己更安心。何乐而不为？"

在场的人听到他这番话，心中充满了无限敬佩之情。

在2008年5月12日汶川地震发生之后，他和妻子含着热泪参加了中央电视台的赈灾晚会，看着从灾区赶来的同胞，他当场捐献出了1亿元人民币的巨款。他是楷模，带动了更多的人投入到赈灾事业中。

此人就是荣程钢铁集团董事长张祥青，一个从唐山大地震中幸存下来的孤儿。

的确，在人的一生中很多事情是人们根本无法预料的。面对困难和灾难，我们可以痛苦，但不能失去前进的勇气和动力，从灾难中学习智慧，只有这样才能不畏艰难，勇往直前，努力挖掘自身的潜力，只有这样，才能成为生活的强者和智者。

在人的一生中，谁都有可能遇到各种各样的灾难。灾难会让人改变很多，尤其是增强我们生存的勇气和生活的信心。只要我们能保持积极的人生态度，勇敢地面对灾难，那么一切都会重新好起来。灾难甚至可能在我们的手里变为奇迹。

快步走出人生泥潭

苦难中磨砺个性

凡是有所成就的人，无一没有经历过苦难，这些困难磨砺了他们的性情，使他们走向成功。

有一位雕刻大师独具慧眼，把一块上好的木料雕刻成了一尊神像，剩余的则做成了一只庙里用的木鱼。

傲慢的木鱼挖苦那尊神像说："看看你，受了那么多苦，现在只能端坐在那里，一动也不能动。你看看我，浑身光滑，又能发出清脆的声音，怎么我们的命运会相差这么大呢？"神像对于这样的嘲弄，只是笑而不语。

没过几天，一位庙宇住持以高价将神像和木鱼买了回去。安置在庙宇中的神像，日日受到信徒的膜拜，身份地位尊容备至。而那只木鱼，则被放在神桌前，随着和尚早晚课的诵经声，不断地被敲打……

木鱼感到很不公平，它开口问神像："为什么我们来自同一块木头，你可以享受供奉，而我却必须天天让那些和尚敲啊敲的，难过死了。"

神像面目庄严的，开口道："在大师完工以前，我所受到的雕琢之苦，当然不是用语言可以形容的。当初你不愿意接受刀斧加身，理所当然今天你我所受的待遇会有天壤之别。"

木鱼很后悔自己的无知，叹息道："我们出身相同，想不到今天竟然会有这么大的差别。"

《菜根谭》里曾谈到，只有饱尝苦辣酸甜、经历困苦磨炼的人，所获得的幸福才能保持长久。只有不断释疑解难、精心考证的人，所获得的学问、见解才是真理。人生一帆风顺，没有经历过困苦，就无法体验到苦尽甘来的欢乐。

明朝大学士宋濂，年幼时，家境十分贫苦，但他苦学不辍。有一天，天气特别寒冷，冰天雪地，北风狂吼，以至于砚台里的墨都结冰了。家里穷，哪里有火来取暖？宋濂手指冻得无法屈伸，但仍然坚持苦学不敢有所松懈，借来的书坚持要抄好送回去。抄完了书，天色已晚，宋濂无奈只好冒着严寒，一路跑着去还书给人家，一点不敢超过约定的还书时间。因为他守信，许多人都愿意把书借给他看。他因此能够博览群书，增加见识，为他以后成才奠定了基础。

宋濂求学时十分艰苦。那时，他住在旅馆之中，一天只吃两顿饭，生活异常艰辛。他的同学们个个是富家子弟，身着华丽的衣囊，但是宋濂并不以为那是什么快乐，丝毫也没有羡慕他们，虽然自己衣服朴素无华，他也并不以为低人一等，不卑不亢，照样刻苦学习，因为学问中有许多足以让他快乐的东西。正因为宋濂这种不怕苦难的精神，他终学有所成。

一个人有追求、有理想，能忍苦耐劳是到达理想境界的唯一方法。做学问是这样，做其他事情同样如此。对于普通的人来说，要想生活得安宁、幸福，也需要吃苦耐劳。做工要忍得住劳累之苦；种地要经得起风吹日晒雨淋之苦；当运动员要吃得下训练之苦；就是读书学习，也须忍得住寒窗之苦，耐得住坐冷板凳的寂寞。只要肯吃苦，就能做出成绩。

苦难可以磨砺一个人的性情，培养其坚强的性格，为其以后的成功打下坚实的基础。

南非前总统曼德拉，年轻时因反对种族隔离制度被捕入狱，白人统治者把他关在荒凉的小岛上27年，在此期间，三名看守总是寻找借口欺侮他。1991年曼德拉出狱并当选南非总统，当年在监狱看管他的三名

看守也应邀参加了他的就职典礼，曼德拉还恭敬地向他们致敬。如此博大的胸襟让所有到场的各国政要和贵宾肃然起敬。后来，曼德拉解释说，他年轻时性子很急，脾气暴躁，正是漫长牢狱岁月的悲惨遭遇给了他思考的时间，让他学会了控制自己的情绪，学会了如何处理自己的痛苦。磨难使他清醒，使他克服了个性的弱点，也成就了他最终的辉煌。是啊，这种磨砺是久处顺境的人无法体会到的。

自然界中树木受过伤的部位，往往会变得更坚硬。其实，人的成长也一样，经历逆境的伤痛和苦难之后，能磨砺出优良的个性。立志成才的青年如果能经历一段逆境的磨难为自己的人生"垫底"，那么以后不管遇到什么意外和困苦的境遇，都能应对和承受。苦难的一个重要价值，就是使人学会驾驭自己的个性，适度地张扬自己的个性，却并不沦为个性的奴隶，逐步消除个性中的不良倾向，从而成为一个有用之才。

无数的成功者都经历过苦难。斯蒂芬·霍金二十多岁就瘫痪，后来连话都说不出，但他创立了宇宙大爆炸理论；史铁生患有严重肾病，但最后成为了一位了不起的作家；杨小凯饱受十年牢狱之苦，但他后来成为闻名海内外的经济学家。

最出色的工作，往往是在身处逆境的情况下做出的。思想上的压力，甚至肉体上的痛苦，都可能成为精神上的兴奋剂。这种现象可以总结为：因祸得以成功，因福归于平庸。这是因为，困难让你更加懂得了生命的意义和时间的宝贵，所以你才能在苦难中奋起直追。

徒步旅行是现在普遍受"驴友"欢迎的一种运动方式。对于那些"驴友"来说，那些相对平坦、容易到达的地方引不起他们的兴趣，他们喜欢的是那些险峻的大山、未开发的森林或无人烟的岛屿。他们认为旅行的乐趣在于克服途中的困难，在战胜困难中体会成功的快乐。其实，人生也一样，太顺的人生往往让人无法体会到人生的真谛。

苦难对于每个人来说，都是一笔巨大的财富，让你在尝尽人生苦难之后方能体会生命的真谛。因此，我们应该正确地对待那些苦难。

在19世纪，有两个了不起的人物，一个是拿破仑，另一个是海伦·凯勒。海伦·凯勒是美国学者，她在一岁半的时候突患急性脑充血病，连日的高烧使她昏迷不醒。当她醒来后，眼睛被烧瞎了，耳朵被烧聋了，再也说不出话来，成了一位聋、哑、盲的特殊儿童。但海伦依靠自身顽强的毅力学习盲文，靠手的触摸来体验文字的含义和别人说话的意思。她在聋人学校学习了数学、自然、法语、德语，能够用法语和德语阅读小说。考大学时英文和德文还得了优等成绩。1904年，海伦以优异的成绩从大学毕业。此后她致力于盲人福利和教育事业。她先后写了14部著作，《我生活的故事》《走出黑暗》《乐观》等作品在世界上产生深远影响。海伦所面临的是常人无法想象的困境，可她勇于面对现实，敢于拼搏，谱写了一曲激荡人心的生命之歌，赢得了人们的赞扬。联合国还曾发起"海伦·凯勒"世界运动。海伦面对逆境不自卑，在苦难面前不低头，最终成为生活的强者。

在苦难中海伦·凯勒体会到了生命的真谛，苦难成为她人生的一笔财富。

苦难是对生命的体验

苦难是人生的常态，它往往伴随着我们的一生。如果能理解了这一点，那么我们就不会对人生的苦难耿耿于怀，就能实现人生的超越。

大部分人都不愿正视苦难。遇到苦难的时候，他们要么是怨天尤人，要么抱怨自己不幸。他们总是抱怨为什么有这么多的麻烦、压力、困难与其为伴,并认为自己是世界上最不幸的人。其实,之所以会抱怨苦难,是因为他们还不曾明白苦难也是寻找观察世界的方式,痛苦是人的一种本质体验。

苦难连接着生活与命运,是孕育灵魂和生命的土壤,缺乏苦难的人生便失去了光彩。苦难让我们对生命的体验不再浮于表面,它直达本质,帮人体验到更深邃的人生境界。

上帝有一天心血来潮,来到他所创造的土地上散步。

一位农夫说:"仁慈的上帝,这50年来,我没有一天停止过祈祷,祈祷年年不要有大风雨,不要有冰雹,不要有干旱,不要有虫害,可是不论我怎么祈祷,总不能样样如愿。"

上帝回答:"我创造世界,也创造了风雨、干旱、蝗虫与鸟雀,我创造了不能如你所愿的世界。"

农夫突然跪下来吻着上帝的脚:"全能的主呀,您可不可以明年允诺我的请求,只要一年的时间,不要大风雨,不要烈日干旱,不要有虫害?"

上帝说:"好吧,明年不管别人如何,一定如你所愿。"

第二年,果然如农夫所愿,他的田地结出许多的麦穗,农夫兴奋不已。可等收割的时候,奇怪的事情发生了,农夫的麦穗里竟是瘪瘪的,没有什么籽粒。

农夫含着眼泪跪下来,向上帝问道:"仁慈的主,这是怎么一回事?您是不是搞错了什么?"

上帝说:"我没有搞错什么,因为你的麦子避开了所有的考验,麦子变得十分无能。对于一粒麦子,风雨、烈日是必要的,甚至蝗虫也是必要的,因为它们可以唤醒麦子内在的灵魂。"

人的灵魂也和麦子的灵魂一样,如果没有任何苦难考验,人也只能是一个空壳而已。每一个人,从出生以后,就开始面临各种考验,并开始收获——各种考验所带来的宝贵的人生特质。那些普通的麦子尚能昭示不普通的生物延续哲学,一个人若能经受苦难的考验,经历某些可贵的坚持，能不孕育一些珍贵的人生积淀吗？

因此，只要我们敢于正视人生是苦难的这一事实，并且以一种积极乐观的态度面对它，就再不会被它困扰，反而会将它看成是人生的瑰宝。

苦难，作为人生的消极面，人人唯恐躲之不及。然而它在人生中的意义并不是完全消极的。苦难常常能唤醒我们的灵魂。在通常情况下，我们的灵魂是沉睡着的，一旦我们感到幸福或遭到苦难时，它便醒来了。如果说幸福是灵魂的叹息和歌唱，那么苦难便是灵魂的呻吟和抗议，在两者中凸显的都是对生命意义的强烈体验。

多数时候，我们总是在为生活忙忙碌碌，无暇顾及生命的本质与内在的心灵。苦难能打断我们所习惯的生活，使我们忙碌的身子停下来，同时也提供了一个机会，迫使我们与外界事物拉开一个距离。只要我们善于利用这个机会，肯于思考，就会获得一种新眼光。因此，苦难中一定蕴含着人生的珍宝。

要想让自己坦然地面对人生的种种痛苦，并竭尽全力去克服它，就必须先改变对待痛苦的态度。一旦我们领悟到了，我们所遭遇的每一件事，都是有助于我们心灵成长的精心设计，都是用来指导我们的生命旅程的，我们注定会成为赢家。

一群少年非常喜欢捕鱼，他们常常结伴去深潭边钓鱼。但是，每次忙活大半天，都只能捕到一些小鱼。可他们却看到集市上的一位中年渔夫天天卖大鱼，于是很好奇地问："你这些大鱼是从哪里来的？"中年人说："当然是从河里得来的。"

少年好奇地问："我们也是经常在河里捕鱼，为什么半天钓的鱼加起来还没有你的一条鱼重呢？"渔夫神秘地说道："我有门道，不是谁想弄到大鱼就能够弄到大鱼的！"

少年们央求中年人说："那你教教我们吧。我们只是喜欢捕鱼，保证不会在这集市上来卖鱼抢你的生意！我们只是想感受一下捕到大鱼的感觉。"在少年们的再三请求下，渔夫终于答应等集市散了，到河边

给少年们传授秘诀。

集市散了,渔夫收拾好自己的鱼篓,带着少年们来到了河边。

"你一般都在哪里捕鱼?"中年人问。少年们指一指河面比较平静的那一段,说:"当然是那里了,水流比较缓,鱼肯定比较多。"

渔夫哈哈大笑,说:"你知道我在哪里捕鱼?"渔夫指一指潭上边不远的河段里。那是一个水流湍急的河段,雪白的浪花哗哗地翻卷着。

少年们都觉得这渔夫很可笑,在浪大又湍急的河段里,怎么会捕到鱼呢?

渔夫笑笑说:"潭里风平浪静,所以那些经不起大风大浪的小鱼就自由自在地游荡在潭里,潭水里那些微薄的氧气就足够它们呼吸了。而这些大鱼就不行了,它们需要水里有更多的氧气,没办法,它们只有拼命游到有浪花的地方,浪越大,水里的氧气就越多,大鱼也越多。"渔夫又得意地说:"许多人都以为风大浪大的地方是不适合鱼生存的,所以他们捕鱼就选择风平浪静的深潭。他们想错了,一条没风没浪的小河里是不会有大鱼的,而大风大浪才是鱼长大长肥的唯一条件。大风大浪看似是鱼儿们的苦难,但这些苦难却是鱼儿们的天然给氧器啊!"

水流平静的河流是不会有大鱼的,只有风大浪急的河流,才有大鱼出现。这就像一个人不经历苦难,永远成不了大气候,只有经历一定的挫折和失败,才能够真正取得成功。所以每个人需要做的,就是要正视生活中的风浪,把每一次遭遇都当成是心灵成长的精彩设计。

李嘉诚说过:"苦难的生活,是我人生的最好锻炼。"因为正视了苦难对自己的作用,所以,他获得了巨大的成功。这也是为什么比尔·盖茨选择把自己财产的大部分捐出去而不留给后人的原因,因为他知道,如果不让孩子吃苦,那就是另一种对孩子的不负责。

正视苦难,也就正视自己的人生。苦难是最好的老师,它会让你逐渐由幼稚走向成熟,在不断的拼搏中获得成功。如果用积极的心态去面对苦难,苦难将是一笔巨大的财富。

第三章 在积极乐观中催生抗挫力

要想成就大事,我们必须要有积极的心态。不要觉得积极的心态不可塑造,拿破仑·希尔曾经说过:"你的心态是你——而且只是你——唯一能完全掌握的东西。"只要我们积极地练习,我们完全可以用积极的力量来引导自己的心。

积极乐观能创造奇迹

一个女孩向她父亲抱怨，说她是如何如何痛苦无助，并且问题似乎一个接着一个出现，让她毫无招架之力。她已失去人生的方向，整个人惶惶然，只想放弃。闻听此言，当厨师的父亲二话不说，拉起女儿的手，走向厨房。

他烧了三锅水，当水烧开之后，他在第一个锅里放进萝卜，第二个锅里放了一个鸡蛋，第三个锅里则放进了碾成了粉状的咖啡。

女儿茫然地望着父亲的做法，不明所以。一段时间后，父亲把锅里的萝卜、鸡蛋捞起来各放进碗中，把咖啡滤过后倒进杯子，然后问："宝贝，你看到了什么？"女儿说："萝卜、鸡蛋和咖啡。"

父亲让女儿摸摸经过沸水烧煮的萝卜，萝卜已被煮得软烂；他又让女儿将那个鸡蛋壳敲碎剥去蛋壳；最后，他让女儿尝尝咖啡。

女儿恭敬地问："爸爸，这是什么意思？"

父亲解释，这三样东西面对相同的逆境——煮沸的开水，然而它们产生的反应却各不相同。

原本粗硬、坚实的萝卜，在沸水中变软、变烂；原本脆弱易碎的鸡蛋，它那薄脆的外壳起初保护了它液体似的内脏，但是经过滚水的沸腾之后，内脏却变硬了；而粉末似的咖啡则更为特别，在滚烫的热水中，它竟然改变了水。

父亲的良苦用心是要告诉女儿，大多数人在生活中都会遇到很多

的障碍，不可能事事顺利。有些人面对困境的做法就是等待与忍耐，就像萝卜，被环境变得又软又烂；而有的人，面对逆境培养了一颗坚强的心，如同鸡蛋；真正的强者则是咖啡一般，改变环境的人。

　　生活中，不少人在逆境面前往往习惯于自我放弃，因为他们常以一种颓丧的心情、低落的情感来破坏、阻碍自己的生命游戏。要知道，一切事情的成功，全靠我们的勇气，自信和乐观的人生态度。然而很多人却不明白这一点。当事情不顺利时，当他们遇到不幸或痛苦的经历时，他们往往会听任颓废、怀疑、恐惧、失望等消极情绪主宰自己，破坏自己多年苦心经营的计划。

　　一个能够在逆境中保持微笑的人，要比一个面临艰难困苦时就放弃的人要拥有更多有价值的东西。

　　人生之路并不平坦。有时候是高峰，有时候是低谷。处于顺境时，不要过分陶醉得意，要留有余地；处于逆境时，也不必悲观自怨，要有勇气面对，也许从这一站到下一站，不但会脱离原来泥潭，还能开创新的契机。

　　两条欢天喜地的小溪，从山上的源头出发，相约流向大海。它们各自分别经过了山林幽谷、翠绿草原，最后在隔着大海的一片荒漠前碰头，相对叹息。

　　如果继续向前奔流，它们可能会被干涸的沙漠吸干，化为乌有；如果在此停滞不前，就永远到达不了自由的、无边无际的大海。云朵闻声而至，给它们提出了一个拯救办法——化为云朵。

　　一条小溪绝望地认为云朵的办法行不通，执意不肯；而另一条小溪则不肯放弃投奔大海的梦想，毅然化成了蒸汽，让云朵牵引着它飞越沙漠，最终随着暴雨落入大海。而不相信奇迹的那条小溪，宿命地流向前方，最终被无情的沙漠吞噬了。

　　生活也是如此。如果你是一个积极而乐观的人，面对困难，反而会激发内心潜藏的韧性和解决问题的能力，没有机会更该自己创造机会；没有人疼惜，自己更应该疼惜自己，千万不要自怨自艾，那只能加速自己出局的时间。

是被逆境牵着鼻子走，还是想办法转变逆境，选择的钥匙就掌握在我们自己手中。

幸运往往青睐乐观者。所以即使我们身处逆境，也不能悲观失望，因为积极乐观便能创造奇迹。

一个大约12岁的男孩，他将一个西瓜放到顾客面前，很得意、很热情地说道："瞧，这西瓜多漂亮啊！我拿到一些很好的种子，就把它们种在一条大沟附近，这样它们有足够的水可以灌溉。那块地在下午会有一些阴影，所以西瓜不会晒坏。我还放了许多稻草垫在每个西瓜下面，这样西瓜就不会有泥印，而且熟得很均匀。它们的味道很好，你要不要多买两个呢？"

小男孩的热情和快乐感动了顾客。"好啊！"顾客愉快地回答，甚至忘了询问价钱，也忘了自己把它们带回家有多不方便。

或许种西瓜是一件挺辛苦的事情，但是小男孩多开心啊，从他的话里就能感受到快乐。

只要保持乐观的心情去做事，那么眼中看到的世界绝对会不一样。其实，人与人之间只有很小的差异，但这种很小的差异往往造成了巨大的不同！"很小的差异"就是人的心态的不同。有的人不管遇到什么事情，都会积极快乐地面对，而不会因为糟糕的状况感到懊恼。

事实上，没有人能够控制或夺去你的态度。快乐或者痛苦是一种自我选择，是一种心态。

快乐的杰米乐好像从来没有烦心事，对于人生他永远拥有一种积极的心态。有人问他："我不明白，你怎么永远都能保持积极的心态，你是如何做到的呢？"

杰米乐回答道："这并不难做到。每天早上醒来时我都会问自己，杰米乐，今天你有两个选择，你可以选择好心情，也可以选择坏心情。于是我选择好心情，每当有什么不愉快的事情发生时，我可以选择屈服，成为坏心情的俘虏，我也可以选择从中吸取教训，让自己快乐起

来，于是我选择从中吸取教训，每当有人来到我面前倾诉心中的烦恼时，我可以选择随声附和，也可以选择向他指出生活中的光明面，当然我会选择让对方看到人生中积极的一面。"

一个小孩子非常喜欢画画，他的梦想是成为一名画家。父亲见他如此痴迷便领他去拜访一位老画家。老画家看了他的画后，问："孩子，你为什么要学画画呢？"

"我想成为一名画家。"他说。

"但不是每一个学画画的人最后都能成为画家。"老画家提醒他说，"孩子，你画画时觉得快乐吗？"

"快乐。"他回答说。

"有快乐就够了！这世界上有两种花，一种花能结果，一种花不能结果，而不能结果的花却更加美丽，比如玫瑰和郁金香，它们从不因为不能结果而放弃绽放自身的快乐和美丽。人也像花一样，有一种人能结果，成就一番事业；而有一种人不能结果，一生没有什么建树，只是一个普通人而已。但普通人只要心中有快乐，脸上有欢笑，照样可以像玫瑰和郁金香那样，得到人们的欣赏和喜爱。"

临走时，老画家拍拍他的肩膀，鼓励他说："孩子，去做一个快乐的人吧！因为有快乐，人生就有幸福，有快乐，生活就充满阳光。"

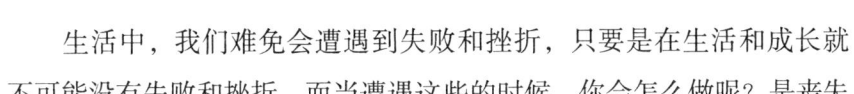

动力能产生积极的心态

生活中，我们难免会遭遇到失败和挫折，只要是在生活和成长就不可能没有失败和挫折，而当遭遇这些的时候，你会怎么做呢？是丧失意志和勇气，被挫折和失败打倒和击退？还是能在遭遇了失败和挫折以后，积极理智地面对，从失败中吸取经验和教训，并把这些经验和教训化成一种前进的动力？

两种不同的心态决定了两种不同的人生，也正是因为心态的不同，他们之间的差异是很大的。容易被挫折打败的人，我们可以预见他的未来是失败无疑，而能使用积极的心态并准确把握住这种力量的人，就能获得成功。

美国联合保险公司有一位叫凯特的推销员，她从入职的第一天开始就有个明确的目标，那就是成为这个公司的明星推销员。每天她都努力工作，并且不断地学习，从很多励志书籍和励志杂志中汲取经验和力量，并应用到工作中。有一次，她遭遇了一个巨大的厄运，然而她并没有逃避，而是坦然地去接受，她觉得这正是一个发挥积极心态的良机。

一个严寒的冬日，凯特在市中心的一个街区推销保险单，本以为市中心能给她带来好运，然而忍饥挨饿地奔走了一天仍然一无所获。一笔生意都没有做成让她对自己很不满意，要是换作别人早就放弃了，但是凯特并没有因此而气馁，她记起自己在公司里读过的那些书，于是她运用了积极心态的原则，并试着用积极的心态将这种不满转化为一种动力。

第二天，凯特向同事们讲述了前一天遭遇的失败，同事们都认为她要放弃目标时，她激动地说道："今天我还要再次拜访那些客户，直到他们买我的保险为止。你们等着瞧吧，我这个月将售出比你们所有人售出的总和还有多的保险单！"说完这些，凯特就从她的办公室出发了。

她又重新回到了市中心的那个街区，又一次拜访了前一天所拜访过的每一位客户，结果出乎意料地售出了66张新的事故保险单。凯特用她不畏挫折的动力做到了这一点，兑现了她的承诺。

这的的确确是非同一般的成就，凯特也因此成为这家保险公司的销售冠军，不久之后她被提升为销售经理。而她的成功绝非是偶然的，

而是一种强大的正能量促使她用乐观积极的心态来完成工作。那天凯特在风雪中穿街走巷，不间断地行走拜访了8小时，却没有卖出一份保险单，也有过消极不满的情绪，但她却没有一直让这种负面情绪引导自己，而是在第二天把消极不满转化为励志型的不满，形成一种积极的心态，从而获得了成功。

在许多真正获得成功的人士中都具备这样的特点，他们懂得并且有能力使用积极心态的力量。而我们大多数人总是盼望着成功不期而至，幻想某一天一觉醒来成功就这样突如其来了，可是我们并不具备这样的条件，这种神秘莫测的成功方式对于我们来说就如海市蜃楼般虚无缥缈。即使我们具备这样的条件，也可能会发现不了它们，因为越明显的事物往往越容易被人们忽视。而对成功者来说，成功并不神秘，也并非不可企及，只要能保持那个最闪亮的优点——积极的心态，就能指引着光明的前进道路。

福特汽车创始人亨利·福特在取得成功之后，一度成为大家羡慕的人物。人们觉得福特的成功有这么几个秘诀：运气、有影响力的天才朋友、有人指导、有人投资……这些就是人们所认为的形形色色的福特成功秘诀，的确，在福特的成功路上这些当然起了一定的作用，但是肯定还有其他的内在作用决定了福特的成功。也许几万人中有这么几个人懂得福特成功的真正原因，而这些人通常不愿谈及这一点，因为它不深奥，反而是太简单了，以至于他们不知如何谈起。其实我们只要看看福特的实际行动，就可以完全了解他成功的秘诀。

多年前的一天，亨利·福特决定改进一款发动机的汽缸，他想制造一个具有一体式的8个汽缸的引擎，他想到后立即去行动，马上找来了工程人员，指示他们按着这个想法去设计。可是，听了这个想法后，这些工程师没有一个人认为这是可能的事情。

可福特并没有因此退却，他对工程师说无论如何都要生产出这样的引擎，工程师们表达了他们的想法。

听了这些后，福特仍坚持自己的决定，并命令道："去工作吧！

不论花多少时间，一定要坚持去做这件事情，直到你们完成了为止。"

工程师立即出去工作了，他们在6个月的时间内坚持做这项工作，可是却没有获得想要的成功。转眼又过了半年，这群兢兢业业的工程师依然没有成功，他们越是努力，这件工作似乎变得越不可能。

一年过去了，福特就这项工作向工程师们咨询时，他们再一次向他汇报这项工作的不可能。福特听后，坚持说道："无论如何，继续工作吧，我需要它并决心得到它，大家加油吧。"

福特积极的心态给了这群工程师更大的动力，他们终于制造出了新型的发动机，就是现在鼎鼎大名的V—8式发动机。后来福特把这款发动机装到了最好的汽车上，也正因为有了它，福特和他的公司便轻易地打败了最有力的竞争对手，并把他们远远地抛在了后面。

福特的成功与他积极乐观的心态有着莫大的关系，试想如果不是在一堆反对声中，他毅然决然地坚持把事情变得更好的积极心态，硬是把"不可能"变成了"可能"，就不可能有后来的成就。福特所采用的积极心态的动力对你也同样适用。如果你能像亨利·福特那样，把积极的法宝押在正确的那一面，那么你也能把事情的不可能变成可能，变成美好的现实，从而取得更大的成功。如果你有目标，如果你有动力，那么就用积极的心态牢牢锁住它吧。

试想一个二十岁左右的年轻人，如果是60岁退休，那么他大约可以拥有十万个小时工作时间。而在这么多小时的工作时间里，有多少小时是与积极的心态、宏大的正能量共存呢？又有多少小时是与消极的心态为伍，丧失工作的活力呢？

每当被消极的情绪笼罩的时候，不妨试着想想，积极的心态所带来的成功与光明的未来。有些人似乎天生就具备使用积极心态的动力，而有些人则必须要通过学习才能应用好积极的动力。在你的一生中，消极的心态总是与积极的心态并存，你要学会的是如何发展积极的心态。相信聪明的你，一定能很快学会并很好地应用。

乐于接受改变

生活中我们总是感叹发明家的灵活头脑和敏锐思维,觉得他们能想出种种不同寻常的点子,肯定是因为他们比别人更聪明。其实,发明家和普通人是一样的。

厌苦喜乐,是人的本性。但人们怕苦,除了不喜欢痛苦之外,还与低估自己受苦的能力有关。青年记者邓小兰曾经说过一句话:"人是有韧性的动物。许多你以为不能承受的痛苦,当它真正来临的时候,你不仅承受了,而且以更好的方式承受着。"

其实,人对痛苦的承受是有潜力的,人只要敢于开拓这种潜能,说不定就会创造奇迹。

凯尔·华伦是缅因州康柏伦人,在他二十多岁的时候,父亲离开了人世,留下了一个小型公司。凯尔不得不停止了学业,终止了自己成为建筑师的梦想,他没有抱怨这一切,只是想办法在逆境中寻找机会,将小厂经营得有声有色。

凯尔结了婚,建立了自己的家庭,拥有了轿车和卡车。然而很不幸的事发生了,一场严重的车祸让凯尔的努力付诸流水,凯尔失去了所有财产:事业、房子、轿车、卡车,包括他的妻子。

凯尔一下子无法接受这个现实,原本乐观进取的他,变得颓废不堪。之后的两年,他在缅因州波特兰的街上游荡,情况越来越糟,最后落魄到有时住在游民收容所,有时住在桥下或废仓库中。

一次，他在废弃的旧仓库里睡觉时，一只老鼠从他的脚上跑过，他一下子惊醒了，把老鼠赶走，躺下时他哭了起来。"我祈祷情况能有所改变。"凯尔说，"这股涌向我的感觉，真是我这一辈子发生过的最奇特的事。我在那天凌晨三点钟醒来，想到了一个居家修缮服务的点子，叫'租个老公来做工'。"

凯尔在隔天早上马上把身上仅剩的500元美金投资在这个点子上。他借用朋友的房子安装了一台电话，印了一些传单，传单上写着："需要一名老公吗？别硬撑了，何不租我当您的临时老公？"然后他到以前离婚互助团体聚会的教堂，把传单放在路边车子的挡风玻璃上。反应出奇得好。

下一步，凯尔用100美元从车商处买了一部旧货车，用黑色胶带在车身贴上字样，开始开着货车在城里到处跑，到处打零工。一天，一个电视台记者在路边拦下凯尔的车，对他说："你知道有多少人打电话给我，要我报道在城里跑来跑去的'租个老公来做工'的卡车吗？"

这位记者听完凯尔的故事，看过了他当时栖身的仓库后，为国家广播公司的波特兰电视台做了一次凯尔的专访。

凯尔说："我花了200美元将那次电视专访转成好几卷录影带，寄给其他不同的节目。《莫利·波维奇脱口秀》的工作人员打电话来，要请我做嘉宾。接下来发生的事大家都很清楚了。"

虽然凯尔想将自己的成就归功于聪明才智，但是他强烈地感觉到，只要大家和他一样乐于接受改变，那么许多人都能建立起大事业。

"没有热忱和勇气的话，任何改变都不会有用。"凯尔说，"我当时抛掉了对一切的恐惧，再也不害怕了，我不怕死亡，不怕失败，不怕孤注一掷。"

成功往往属于敢于挑战困难的人。在为目标奋斗的过程中，逆境使人越挫越勇，激发他的斗志，在困境面前极大程度地调动自身的潜能，使自己的知识经验、技能和智慧都能达到最佳状态，从而有利于冲破障碍，获得成功。

失去信心的同时，也意味着自己被自己打败。许多成功人士都是在迎接辉煌时刻到来之前，首先勇敢地战胜自我，因为，真正能打败你的只有你自己。

乐观地看待生活中的一切

做个幸福的人，就要有进取的勇气，没有耕耘哪有收获？没有播种哪来果实？只有通过努力，才能实现理想、达到目标，成为一个幸福的人。

托尔斯泰曾经说："不要泄气。即使现在是大雪冰封的冬天，但当春天来临的时候，所有的冰雪都会融化、解冻。这与我们所面临的困难是一样的。虽然乍看起来这些困难非常可怕，但仔细观察就会发现很多漏洞，只要能找到解决问题的办法，很多困难都会不攻自破。"

有两个人同时丧失了一只臂膀。

一年后，其中一人心灰意冷，觉得伤残了的人，毫无生存价值，决定了此残生。

另外一人，刚刚相反，生活得如龙似虎，到处告诉人，他真不明白为什么上天要给我们两只手臂，因为他用一只臂膀已经可以应付有余了。

从某种意义上来说，失去手臂的人是残缺的，但这并不能阻挠他成为一个完美的人。

不幸对于进取者来说，也许是真正幸福的开始。米契尔的事迹更生动地说明了这一点。

那次机车意外事故烧坏了米契尔身体的大部分皮肤,为了治疗,他接受了多次手术。在手术之后,他的生活仍无法自理。但这些并没有把这个坚强的汉子打败,他把这一切看作是以前所有事情的终点,也是未来的新起点。

六个月后,他又能开飞机了!

米契尔为自己在科罗拉多州买了一幢维多利亚式的房子,另外还买了房地产、一架飞机及一家酒吧,后来他和两个朋友合资开了一家公司,专门生产以木材为燃料的炉子,这家公司后来变成佛蒙特州第二大私人公司。

机车意外发生后四年,米契尔所开的飞机在起飞时又摔回跑道,把他的12条脊椎骨全压得粉碎,腰部以下永久瘫痪!

此时,他想到"我不解的是为何这些事老是发生在我身上,我到底是造了什么孽,要遭到这样的报应?"但他仍然没有向命运屈服,而是重新拾起之前那种不屈不挠的性格,每天他都锻炼,希望自己可以达到最大程度的独立。他被选为科罗拉多州孤峰顶镇的镇长,负责保护小镇的美景及环境,使之不因矿产的开采而遭受破坏。后来,米契尔也曾竞选国会议员,他的竞选口号是"不只是另一张小白脸",把自己难看的脸转变为有利的资产,最终取得了成功。

尽管面貌骇人、行动不便,米契尔却开始泛舟,他坠入爱河且结了婚,也拿到了公共行政硕士学位,并持续他的飞行活动、环保运动及公共演说。

米契尔说:"在我瘫痪之前可以做1万件事,现在我只能做9000件,我可以把注意力放在我无法再做的1000件事上,或是把目光放在我还能做到的9000件事上,告诉大家我的人生曾遭受过两次重大的挫折,如果我能选择不把挫折拿来当成放弃努力的借口,那么,或许你们可以从一个新的角度,来看待一些一直让你们裹足不前的经历,你也可以退一步,想开一点,然后你就有机会说:'或许那也没什么大不了

的!'"

记住:"重要的是你如何看待发生在你身上的事。而不是到底发生了什么事。"

困难是我们的恩人,正因为有了困难,我们才有可能干成我们想干的事情,才能阻止和淘汰一切不如我们的竞争者,而使我们得到胜利。

如果没有摩擦阻力,人们就无法行车、走路,所以汽车的轮胎表面弄上那么多的花纹;我们穿的鞋子底面设计如此复杂的图案,都是为了能够更好地增加摩擦阻力。

每个人在生活中都免不了遭到挫折,常常陷入逆境。这逆境未必是坏事,说不定它就是我们创造人生价值的契机。

很多曾身处逆境,被别人抛弃,被社会排挤的人,往往日后能成大气候;而那些一帆风顺的人,却反而难有出息。

火石不经摩擦,火花不会发出。同样,人们不遇刺激,他们的生命火焰就不会燃烧。"自然界"往往给予人一分困难,同时也就给予人十分幸运。

人世间最可怕的地方莫过于监狱,人生最悲惨的也莫如当囚犯。但有趣的是在监狱里却产生了许多的奇迹。西班牙大作家塞万提斯就是在狱中写成《堂·吉诃德》的,《鲁滨逊漂流记》是迪福在狱中写成的,《世界史》也是拉莱在13年囚徒生涯中完成的。

"自古英雄多磨难,从来纨绔少伟男。"正因为有了逆境,才使得人类造就了如此众多的杰出人物。也才使得人间充满如此辉煌的宏伟业绩。

用微笑将痛苦埋藏

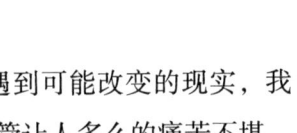

人,不可以在痛苦的泥潭里不能自拔,遇到可能改变的现实,我们要向好处努力;遇到不可能改变的现实,不管让人多么的痛苦不堪,我们都要勇敢面对,用微笑把痛苦埋葬。

大海里有这样一条鱼儿,它有很多伙伴,可以在大海里自由自在地游。可是这条鱼厌倦了这种无聊的生活,总想找个机会离开大海。

机会终于来了。有一天,一个渔夫出海打鱼。这条鱼幸运地被渔夫捕到,离开了它已经厌倦的大海。渔夫回家后,就把鱼放养在一个破旧的水缸里。

每天,渔夫会在鱼缸里放些鱼虫进去,这条鱼就大口大口地吃着,如果累了它就停下来,有时也会在水缸里悠闲地游一会儿。鱼儿很开心很幸福,它庆幸上天给予它如此奇妙的命运,庆幸自己现在过着安逸的生活,庆幸自己拥有一身花衣。

日子一天天地过去了，鱼儿再也不愿意回到大海里了，它喜欢上了这样的生活。每一天它都自恋地对自己说："我是最漂亮的鱼儿。"

有一次渔夫外出远航，十天半月之后才能回家。那段日子再也没有人会在水缸里放进鱼虫，它只好吃渔夫儿子的残羹剩饭，它的心情变得糟透了，期盼着渔夫早点回来。

终于，传来了渔夫的消息。渔夫在远航中不幸遇难身亡。渔夫的儿子准备收拾东西搬离这里，他把家里的东西一一收拾好，最后，渔夫的儿子望了望破水缸和鱼一眼，决定不带了。因为带着它们没有用处反而麻烦。这条鱼悲伤地看着渔夫的儿子离开。

它流着泪回想起以前渔夫对它的宠爱，又想到遭遇被人遗弃的命运。于是，鱼儿开始抱怨，它抱怨破水缸太小；抱怨自己的伙食太差；抱怨渔夫儿子的无礼和遗弃；它甚至抱怨渔夫为什么要出海远航；抱怨它决意离开大海时伙伴们为何不劝阻自己……它抱怨自己所认识的一切一切，唯独忘了抱怨自己。时间悄无声息地滑过了。鱼儿依旧在破水缸里，它看起来依旧很漂亮，但却了无生气，早就停止了呼吸。

这条鱼的命运告诉我们：在困难和挫折面前抱怨是无济于事的。如果我们无法改变，那就只能去适应。在适应的同时努力寻求解决的方法，只有这样才能摆脱困境。

有一口枯井，里面掉进了一头驴子。惊慌失措的驴子在枯井里痛苦地哀嚎着。这哭声引来了正在做家务的农夫，于是，农夫绞尽脑汁地想办法救驴子。但是几个小时过去了，农夫看着这口枯井仍然束手无策。驴子还在枯井里哀嚎着，一声比一声焦急和痛苦。最后，农夫咬牙决定放弃驴子。因为他想，这头驴子年纪大了，已经干不动活了，不值得他大费周折地把它救出来。不过无论如何，这口枯井总是要填起来。

农夫请来左邻右舍帮忙，准备一起将枯井填了，同时也可以免除驴子的痛苦。农夫的邻居们一人拿一把铲子，开始将泥土铲进枯井里。当第一铲土落进枯井时，驴子察觉到自己的处境，发出了绝望凄惨的哭声。农夫和邻人们顾不得驴子凄惨的哭声，只是把泥土一铲一铲地扔进枯井中。出乎意料的是，过了一会儿他们听不到驴子的哭嚎声，取而代之的是一片寂静。农夫好奇地探头往井底下看，出现的这一幕令农夫惊呆了。当铲进枯井的泥土落在驴子的背部时，驴子就反应敏捷地将泥土抖落在一旁，然后用蹄子把泥土踩在脚下！他们每次铲进井里的泥土都迅速地被驴子抖落掉。就这样，驴子将铲到它身上的泥土全部抖落在井底，然后再站在上面。很快，驴子便得意地上升到井口的位置。

望着跳出井口的驴子，人们惊得目瞪口呆。驴子在这种惊讶的表情中快步地跑开了。

就像这头驴子一样，在人生的旅途中，我们有时会陷入到"枯井"里，求救而不得，还会有各种"泥土"落在我们身上。而从这口"枯井"里走出来的唯一秘诀就是：将"泥土"抖落掉，然后站到上面去！

在大学毕业的最后一堂课上，学生们个个都非常激动，壮志满怀地期待毕业之后能到社会中闯出一番事业。当老教授准时站在讲台上时，学生们兴奋地看着这位学识渊博又慈祥和善的恩师，他们等待着老教授传授他们最后的知识。

老教授平静地看着他的学生，问了这样一个问题："如果狂风暴雨来临，泥石流滚滚而下的时候，你正好站在大山脚下，这时你是向风雨猛烈的山顶跑呢，还是迅速地向平坦的洼地撤退呢？"

那些学生不假思索地答道："当然是向平坦的洼地撤退啊。"

"错！"老教授一口否定。

老教授依然平静地说："如果向平坦的地方跑，你跑得再快也不可能快过山洪暴发引起的一泻千里的泥沙和石块，这些泥沙和石块随时都会将你悄无声息地埋没。如果你继续向山顶攀登，向上跋涉，虽然这样速度很缓慢，但至少山顶上是没有泥石流的，这样你就少了一份危险，你等于是在为自己创造一个安全的环境，是在一步步地向生存的希望迈进。"

老教授讲完之后，教室里爆发出雷鸣般的掌声，学生们望着老教授镇静从容的眼神，他们终于恍然大悟：

即使掌握了最先进的科技知识，也并不代表自己走入社会就能有所成就。生活中随时都会出现"暴风雨"、"泥石流"，如果他们选择退缩就等于选择灭亡和失败，如果他们选择攀登，就等于选择了希望和成功。

这就是美国麻省理工学院的老教授给学生们踏入社会之前上的最后一堂课。

在困境面前，如果我们选择逃避，我们就失去了希望；相反，如果我们选择了迎难而上，我们就取得了成功。所以不管是什么样的困境，我们都要勇敢面对风雨的袭击。因为有时候看起来很困难的方法往往却是成功的捷径。

有一位第二次世界大战时期的女士，名叫伊利莎白·康黎，她在庆祝盟军在北非获得胜利的那一天，接到了一份来自国际部的电报：她唯一的儿子在战场上牺牲了。

她一直宠爱着自己的儿子，儿子是她唯一的亲人，也是她视若生命的人！她对这个突如其来的噩耗无法接受，精神都要崩溃了。她心灰意冷，痛不欲生，决定辞掉工作，离开住的地方，去一个陌生的环境，默默地了此残生。

她开始整理自己的行囊，在所有的物品中她发现了一封几年前的信，那是她儿子到达前线后写给她的。信上说："请妈妈放心，我永远不会忘记您对我的教导，不论在哪里，也不论遇到什么样的灾难，我都会勇敢地去面对生活，像真正的男子汉那样，用微笑去承受一切不幸和痛苦。我永远把您当成我的榜样，永远记着您的微笑。"

顿时，她泪如雨下，把这封信读了又读，好像看到儿子又站在自己的身边，用灼热的眼睛望着她，关切地说："亲爱的妈妈，您怎么不按照您曾经教导我的那样去做呢？"

再次看着这封信伊利莎白打消了背井离乡的念头，她一再坚强地对自己说："我应该用微笑把痛苦埋葬，勇敢地生活下去。尽管我没有让儿子起死回生的能力，但我可以告诉自己继续生活下去。"

经历痛苦的人才会变得成熟和有深度,可是,没有人喜欢痛苦。但是当不幸真的发生在你身上时,请记住微笑,用微笑把痛苦埋葬,这就是对不幸最强有力的回击。

用笑脸迎接挫折

人的一生中是无法避免困难和挫折的降临的。在困难和挫折面前,有的人成功了,原因就是他们能够勇敢地接受挑战,找到解决问题的办法。而有的人失败了,是因为他们没有勇气面对困难、接受挑战,只是自怨自艾,最终自食恶果。"发明大王"爱迪生曾经也告诫周围的人在面对厄运的时候一定要保持乐观的态度。

杰克也是一个具有超强乐观精神的人。他的心情总是特别好,而且对任何事情总是有正面的看法。

有一天清晨,喜欢锻炼的杰克一如既往,但不幸的是他忘了关门。在锻炼完回家的时候恰巧碰到3个人在他家偷东西,一个歹徒因为紧张而对他开了枪。之后,他们逃跑了。好心的邻居发现杰克受伤之后把他送进医院,经过抢救,杰克保住了性命。经过一段时间的休养,杰克出院了。

事情发生后6个月,一个朋友去看杰克,问他近况如何,他答道:"我快乐无比。想不想看看我的伤疤?"朋友弯下腰看了看他的伤疤,问道:"当歹徒来时,你想些什么?"

"第一件在我脑海中浮现的事是,我应该关好门。"杰克答道,"当我躺在地上时,我对自己说:有两个选择,一是死,一是活。我选

择了活。"

"你不害怕吗？你有没有失去知觉？"朋友又问道。

杰克回答说："医护人员都很好。他们不断告诉我，我会好的。但当他们把我推进急诊室后，我看到他们脸上的表情，从他们的眼中，我读到了'他是个死人'。我知道我需要采取一些行动了。"

"你采取了什么行动？"朋友紧追不舍地问。

"有个很可爱的护士大声问我问题，她问我有没有对什么东西过敏。我马上答：'有的'。这时，所有的医生、护士都停下来等着我说下去。我深深地吸了一口气。然后大声说道：'子弹！我对子弹过敏！'在一片大笑声中，我又说道：'我选择活下去，请把我当活人来医治，而不是死人。'"

杰克活了下来，一方面要感谢医术高明的医生，另一方面得感谢他那惊人的乐观态度。

无论是在学习、工作，还是在生活中，我们会遇到各种各样的困难，也会遭受很多的失败。在同样的挫折面前，每个人的反应是不同的。有的人会出现暴怒、恐慌、悲哀、沮丧、退缩等情绪，严重影响了学习和工作，损害了身心健康，对自身的发展也是非常不利的。而有的人能够通过自己的努力，化阻力为动力，最终找到解决问题的办法，走向成功。

安德鲁是石油界的一位知名人物，不仅仅是由于他成功地开采了石油，还由于他对事业的执着追求，以及面对工作中的逆境时的坚强乐观。

安德鲁是一位年过半百的老人，在他看来，所有人遇到的困难都不如他多。他非常热爱石油，从工作起就与石油打交道。用他的话来说就是"每打4口井，就有3口是枯井"，可见他的事业发展非常不顺。但他却通过自己的努力，从这种困境中走出来了，成为了一位名副其实的富翁。安德鲁自己回忆说："在我被学校开除后，就跑到一个油田找了一份工作。随着工作时间越来越长，我也积累了一些经验，所以就想成为一名独立的石油勘探者。在那个时候，我手里也没有多少资金，无法买很多设备，所以只能去租设备。在连续的两年里，我一共开采了将近30口井，但全部都是枯井。看到这幅情景，我真是失望透顶。"的确，他所遇到的困难非常大，但他没有低头，而是更加努力。他开始研读各种与石油开采有关的书籍，吸取了丰富的理论知识。当感觉自己有了充足的理论知识之后，他又开始了自己勘探工作，没想到，真的挖到石油了。

安德鲁正是由于积极乐观地面对逆境，没有对现实失去信心，反而取得了成功。由此可见，在逆境面前，充满希望才能有机会取得成功。

有着积极乐观态度的人，在面对挫折的时候能够改变逆境，最终取得成功，有着一个光明的未来。在现实生活中，任何人都会面临挫折，其最终的结果如何取决于我们的态度和处理方法。在逆境中，有的人只会自怨自艾，这样不仅解决不了问题，相反，可能使问题变得更加严重。

在卡耐基看来，人生中，逆境不可避免。所以人们应当客观看待所遇到的任何问题，正视它，将其转变为动力，最终取得成功。另外，卡耐基说过："困难与挫折其实是上天故意安排来考验我们的，其实，它就是成功的化身。成功与失败把握在我们自己手中。"

所以，当你面对苦难和挫折的时候，一定要昂首挺胸，对自己进行积极的心理暗示，相信它很快就会过去，并且好日子很快就会到来。此时的你应该是充满希望、信心百倍的。只有这样，我们才能成为生活的强者，成为逆境中的成功者。在苦难中，我们不仅可以受到磨炼，还能学习到很多新的知识。

学会给自己松松绑

生活中,我们应该多给自己松松绑,做到有张有弛,笑对人生。学会生活,这是一门科学,也是一门艺术。

世界上最恐怖的监狱是自己为自己所造的心灵监狱。我们经常看到走在路上的行人,神色匆忙,眉宇间带着生活的种种烦恼。难道生活真的让人如此痛苦吗?让我们给自己松松绑吧!除了自己释放自己,为自己找一个心灵出口,还有谁能让你从心灵里真正地恢复自由呢?

很久以前,一个国家在抓到窃贼时,拘禁的方法非常简单。他们抓到一个窃贼便在地上画一个圈让他待在里边,抓到一定的数量便把他们一个个从圆圈里拉出来排队押走。中国有一个成语叫"画地为牢",它的意思与这一方法何其相似。所以我们才说,世界上最恐怖的监狱并没有铁窗和围墙。

人类的智慧既能在不自由中寻找自由,也能在自由中设置不自由。对有的人来说,心里的不良情绪就是一座监狱,各种情绪都成了层层铁窗,被关在里面的人天天为之郁闷忿恨。这些不良情绪,如果没有得到及时地释放,会让人始终无法解脱,有时甚至会导致严重的后果。

29岁的外企销售经理小张从小学习成绩就很出色,他顺利从大学毕业后,进入某外企工作,从普通的业务员做到销售经理,收入颇丰。但是她却一直感觉心里很压抑,常常心烦意乱,甚至觉得生活没有乐趣。

因为长久以来，她因工作繁忙而忽略了与男朋友相处的时间，后来男朋友提出了分手，她非常痛苦，并且一直拒绝开始新的感情，一旦闲下来，她就会感到孤独和寂寞。而且，除了工作时，小张很少与人交往，心里的压抑和烦恼一直都得不到发泄和排遣。所以，小张的生活似乎有着截然相反的两面，在外人眼里她一直都很出色，生活也很幸福，而她只有自己才知道自己心里有很多的烦恼，她感觉自己快要崩溃了，后来再也无法忍受的小张竟然在家中打开天然气阀门自杀身亡。

其实，到底发生了什么大不了的事，让小张非得走上那条不归路呢？看得出来并没有发生什么大不了的事。她的工作很好，人也很出色，本来应该过着很幸福的生活，但却因为长期以来郁积在心里的情绪得不到宣泄，从而走上了不归路。如果她能及时地发现自己的心理问题，重视心理健康，不时给自己松松绑，将心中的各种不快发泄出去，那么也就不会发生这样的悲剧了。

所以，郁闷的时候，请舒一舒眉，为自己松松绑吧。除了你自己，没有人能让你恢复自由。

一位老板在医院进行诊疗时，医生劝他多多休息。这位老板非常愤怒地抗议道："医生，你不知道我有多辛苦！我每天承担大量的工作，没有一个人可以分担一丁点儿的业务。医生，您知道吗？我每天都得提一个沉重的手提包回家，里面装的是满满的需要处理的文件呀！如果我能休息，就不会那么辛苦了！"

"那么，为什么晚上还要批文件呢？"医生非常讶异地问道。

"那些都是必须处理的急件。"老板无奈地回答。

"难道别人不可以帮助你吗？你不是有助手吗？"医生问。

"当然不可以！只有我自己才能正确地批示呀！而且我还必须尽快处理完，否则公司就无法运营下去了。"

"这样吧，现在我开一个处方给你，你不妨照着做。"医生有所决定地说道。

医生给这位病人开的处方是：每星期空出半天的时间到墓地一次；每

天散步两小时。病人看后非常惊异地问道:"为什么要我去墓地呢?"

医生不慌不忙地回答道:"因为我希望你可以四处走一走,看一看那些与世长辞的人的墓碑。他们生前也与你一样,认为全世界的事都得扛在双肩,可是现在他们全都永眠于黄土之中,总有一天你也会加入他们的行列,但是整个地球依然会不停转动着,在世的人们仍会如你一般继续工作。我建议你站在墓碑前好好地想一想这些摆在你眼前的事实。"

医生这番苦口婆心的劝说终于敲醒了老板。他依照医生的指示,转移一部分职责,放慢生活的步调。他已经知道生活的艺术不在于急躁和焦虑,嘴里也不再抱怨"辛苦"了,可以说他比以前生活得更好了,当然事业也蒸蒸日上。

这位商人能够一改过去辛劳而紧张的生活,重新开始新的人生,全在于他及时地醒悟,开始为自己松绑。其实,即便我们身处绝境,只要有为自己松绑的意识,就一定会找到新的天地。

茨威格在《象棋的故事》里写,一个被囚禁的人整天无所事事、度日如年,而获得一本棋谱后日子过得飞快。靠着那本棋谱,囚犯轻松愉快地把他的牢狱之灾化解掉了。他把"恐怖"的监狱当成自己发展的另一美好天地,痴迷于对棋艺的研究,并通过这种方法他为自己"减了刑,松了绑"。

生活中真正进监狱的人毕竟不多,但有许多人却像真正的囚徒一样把自己关在心灵的监狱里,不肯进行自我松绑、自我减刑。我们应积极努力地去寻找自己心灵的"棋谱",如果找到它,学会为自己松绑,那么,你的人生将会是十分成功的。

"赶走"心里的消极情绪

生活中难免会遇到挫折和不幸，面对逆境，不同的人有不同的态度，有人选择好的心态，用积极乐观的态度发现生活中的乐趣。而有的人总是习惯用悲观的眼睛去丈量生活的土地，结果导致美好的事物离自己越来越远。

消极心态是一种严重心灵疾病，它会排斥财富、成功、快乐和健康。消极的心态导致的结果将是贫穷、失败、悲观和痛苦。因此，在生活中，为了减少挫折，也为了让我们在生活中多一些美好的事物，我们绝不允许让负面的声音为事情下定论。

有一个偏远的乡村，那里的人们仍然靠燃烧木材取暖。有一个专门靠伐木谋生的年轻人，几年来，他一直把自己砍伐的木材卖给一个农场主取暖。年轻人卖给农场主的柴火直径不能超过10厘米，否则农场主就无法使用，因为他家的壁炉口径只有10厘米。

有一次，这个农场主家的管家前来买柴火，年轻的伐木人让管家拉走了。当这些柴火拉回去后，却无法使用，因为大多数柴火的直径都超过了10厘米。于是，农场主马上给卖柴火的年轻人打电话，要求换成可以使用的柴火。

这位年轻人拒绝了农场主的要求。农场主并没有多说什么，而是积极地想办法。后来他和管家一起动手把这些大柴火劈成小的。在劈柴的过程中，他们发现在一段圆木有个很大的树洞，劈开发现其中有一个破烂的手包。他们好奇地打开手包，发现里面有很多的钞票。

农场主想把这些钞票还给年轻的伐木人。于是，他又拿起电话问那些柴火是在哪里砍的，伐木人唯恐别人知道了自己获得木材的地方，还是不愿说出来。后来，农场主要求他亲自来自己家里一趟，又被他以无理的要求再次拒绝。

尽管做了很多努力，农场主还是没能知道那段圆木是在哪里砍的，也不知道是谁把钱藏在里面的。后来，他用这些钱创办了一个木材厂，而那个年轻人依旧以艰难的伐木为生。

这位农场主拥有积极心态，意外得到一笔钱，而消极心态的伐木人错失了一个改变命运的机会。由此可见，消极的心态排斥美好的事物。我们要想实现自己美好的愿望，关键是要把自己的心态调整到一个最佳的状态。

日常生活中，我们不怀疑谁都会有一些好运气存在。然而，那些以消极心态生活的人往往拒绝了降临到自己身上的好运，而拥有积极心态的人则能很好地调整自己的心态。

怀着消极心态的人不但想到事情最坏的一面，而且总是想到自己最坏的一面。他们不敢企求更好的目标，所以往往收获更少。当遇到一个新观念时，他们的反应往往就是"这是行不通的，从前根本就没有这么干过"。

生活就像一面镜子，我们从生活中看到的东西常常是自己心态的映照。假如你的心态是黯淡无光的，那现实生活在你的眼中就会是黯然无光的。假如你的心态是晴空朗朗的，那生活在你的眼里就会是充满阳光的。

如果一个人总是带着怀疑、恐惧、无奈的心情去生活，那无疑是在煎熬自己的生命。反之，一个人倘若能生活在充满喜悦的安详中，他就会发现原来生活是这样美好，他的心情就会一片宁静。

虽然有时候我们常常会因为遇到了困难而痛苦不安，可是苦难不会因为你的痛苦而消失。所以，当我们苦闷的时候不妨尝试着放松心情，暗示自己这是很正常的事情，根本就没有什么大不了的。我们也可以适当倾诉，但是不能将心情一直沉浸在不幸的事情上。事实就是这样，人生处处都有希望，只要你想去做，尽力做，就能做得更好。

消极心态不仅影响人们的工作、学习和生活，而且还让人陷入悲观、失败的痛苦甚至绝望之中。因此，我们要想积极乐观地面对工作和生活，就必须要改变消极的生活态度，保持良好的心理环境，具体要注意以下几点：

第一，期望值不宜过高。

我们做每一件事情，都具有明确的目的性。因此，我们在确定目标或者是对预期结果进行设想时，要注意不要把期望值定得过高，要把各种不利因素都充分考虑进去，给自己留出一定的余地。这样确定出来的目标，经过自己的一番努力之后，就能够实现，并有可能超过，这样我们就能体会到成就感。如果我们把目标定得过高，遥不可及等待我们的往往是失望。

第二，学会自我调适。

人处在逆境中，要注意保持心理平衡。要认识到，事情已经发生了，任何痛苦忧愁都不能改变现实。与其郁郁寡欢，不如努力调适自己，化抱怨为抱负。

比如，我们可以有意识地转移自己的注意力，尽可能多想一些高兴的事，尽可能多想一些让自己放松的事情。自觉地用乐观情绪来冲淡消极情绪，取代消极情绪。

第三，学会自觉疏泄。

人们在感到不高兴时，往往闷头不语，这是非常不好的。尤其是对于女性来说，最好不要郁积在心，要向丈夫、知心朋友倾诉自己的心里话。这样，一方面在叙说过程中，一些消极情绪会释放出来，心中有一种舒畅的感觉；另一方面，经别人帮助分析，进行劝慰，可以从原来的思维方式中跳出来，让自己的精神负担得到解脱。

第四，培养乐观开朗的性格。

要改变消极情绪，最根本的是要培养自己乐观开朗的性格。在现

实生活中我们要豁达洒脱,对生活中的一些挫折,不要看得过重,更不要斤斤计较、耿耿于怀。要学会用生活中那些美好的东西来陶冶自己的情操,使自己感到生活的充实,让自己对生活充满信心。

消除"不可能主义"

生活中,对于消极失败者来说,他们的口头禅永远是"不可能",这已经成为他们的失败哲学,他们奉行着"不可能"主义,注定走向失败。

古代波斯有位国王,想挑选一名官员担当一个重要的职务。

他把那些智勇双全的官员全都召集来,想试试他们之中究竟谁能胜任。官员们被国王领到一座大门前。面对这座国内最大的、来人中谁也没有见过的大门,国王说:"爱卿们,你们都是既聪明又有力气的人。现在你们已经看到,这是我国最大最重的大门,可是一直没有打开过。你们中谁能打开这座大门,帮我解决这个久久没能解决的难题?"

当时,很多官员还没有尝试就摇头泄气了,有的过去试了一下又回来了。只有一位官员过去观察了一会儿,用手摸了摸门,企图打开,但没有成功,然后又仔细观察了一番,最后拽着一根沉重的铁链,门自动打开了。

为什么会这样呢?原来,这座门看起来非常牢固,实际上并没有真正关上,只要敢于尝试、观察,必然能找到打开大门的诀窍。而很多人面对这个"庞然大物"的时候,只是感觉没有办法,甚至连尝试一下都不敢。

看到有人打开了大门,国王非常高兴,他对这位官员说:"此后就由你担任朝廷最重要的职务吧。在别人感到无能为力时,你却会想到仔细观察，并有勇气冒险试一试。"另外，国王又对其他的官员说："其实在很多时候，貌似很难的问题却有着非常简单的解决办法，关键是你们要敢于尝试。"听到国王这样说，大家都羞愧地低下了头。

其实，在生活中有很多我们可以成功的机会，但为什么往往与之失之交臂呢？那是因为在很多时候，我们不能做到独立思考，在面对挫折和困难的时候，缺少克服的勇气和信心。或者是被各种条条框框所左右，最终走向失败。所以，无论在何时，都要勇敢地迈出第一步，只有这样，我们才有机会取得成功。

只要敢于蔑视困难、把问题踩在脚下，最终你会发现：所有的"不可能"，都会变为"可能"。

"不可能"只是失败者心中的禁锢，具有积极态度的人，从不将"不可能"当回事儿。

科尔刚到报社当广告业务员时，经理对他说："你要在一个月内完成20个版面的销售。"

20个版面，一个月内？科尔认为不可能完成，因为他了解到报社最好的业务员一个月最多才销售15个版面。

然而，在他看来，任何事情都是"有可能"的。于是，他把之前别人招揽不成功的客户的名单列了出来。在拜访这些客户之前，科尔把自己关在屋里，把名单上的客户的名字念了好多遍，然后对自己说："在这个月结束之前，你们会向我购买广告版面。"

在最初的一个星期里，他没有任何成果；到第二个星期的时候，他和其中的5个客户达成了交易；而又过了一个星期，他又成交了10笔交易；在月底，他成功地完成了20个版面的销售。他成为公司的业务表率。当经理让他向大家分享经验的时候，他没有多说什么，只是告诉大家不要害怕被拒绝，只有这样，才能将理想变为现实。

报社同事给予他最热烈的掌声。

其实，在我们的生活中也会发生这样的事情。当你鼓足勇气想要做好一件事情的时候，别人就会告诉你："那是不可能的"！此时，你

应该这样想，对他来说，这件事情是"不可能"的，但对你来说或许就是"可能"的。因为只有你通过自己的不懈努力之后才能发现最终的结果。在没有结果之前，千万不要泄气，而是坚信自己一定比别人做的好，这样就能做出惊人的成绩，取得意想不到的效果。

在积极者的眼中，永远没有"不可能"，取而代之的是"不，可能"。积极者用他们的意志、他们的行动，证明了"不，可能"的可能性。

在任何时候，都要相信足够的意志力、头脑和信心是成功的必备品。只要拥有这些素养，相信你离成功只有一步之遥。如果现在很多事情还不在你的掌握之中，是因为你没有找到解决问题的办法。做任何事情都不要给自己设定很多框框，而是要通过自己的努力找到解决问题的办法，而不能整天为自己的不努力找借口。正如哈瑞·法斯狄克所说："这世界现在进步得太快了，如果有人说某件事不可能做到，他的话通常很快就会被推翻，因为很可能另一个人已经做到了。在信心和勇气之下，只要我们认为可以做到，就可以以科学的方法推翻'不可能'的神话，我们就可能做成任何我们想做的事情！"

拥有一颗快乐的心

每个人的幸福都是有限的，如果你愿意发现或打心底里想得到幸福，幸福就会伴你左右。不过，你必须掌控好自己的心灵之舵，下达正确的命令，来支配自己的命运。

人生不如意十有八九。倘若把不如意的事情看成是与自己有关的一篇小说或是一场戏剧，自己就是那剧中的主演，心情就会变好许多。

一味地沉入悲观的忧愁中，只能使不如意变得每况愈下。"宠辱不惊，闲看庭前花开花落；去留无意，望天上云卷云舒。"既然悲观于事无补，那我们就用乐观的态度来对待人生吧！

用乐观的态度面对人生，可看到"柳暗花明又一村"，"映日荷花别样红"；用悲观的态度面对人生，举目皆是"清明时节雨纷纷"，低眉即听"怅望江头江水声"。譬如打开窗户看夜空，有的人看到的是星河灿烂，夜空明媚；有的人看到的是黑暗一片。一个心态乐观的人可在茫茫的夜空中读出星光的灿烂，增强自己对生活的信心，一个心态悲观的人让黑暗埋葬了自己且越葬越深。

悲观使人生的路越走越凄凉，乐观使人生的路越品越幸福，选择乐观的态度对待人生是一种机智。悲观在寻常的日子里随处可以找到，而乐观则需要努力，需要智慧，才能使自己保持一种人生处处充满生机的心境。在诸多无奈的人生里，仰望夜空看到的是灿灿星斗；俯视大地，大地是花的海洋、叶的世界……这种乐观是坚韧不拔的毅力支撑起来的一种风景。

在迪河河畔，住着一位磨坊主，人们都说他是英格兰最快乐的人。终于有一天，烦恼的国王想见他一面。

"我要去找这个快乐的磨坊主谈谈，也许他能告诉我怎样才能快乐。"国王刚到磨坊，磨坊主就对他说："我不羡慕任何人，因为我要多快乐就有多快乐。"

国王说："我十分羡慕你，我的朋友，只要我能像你那样无忧无虑，我愿意和你换个位置。"

磨坊主笑了，对国王说："我肯定不和您调换位置，陛下。"

"是什么原因使你在这个脏兮兮的磨坊里如此快乐呢？而我身为国王，却每天心忧天下，苦大愁多？"

磨坊主微笑着回答："我不知道您为什么忧郁，但是我能简单地告诉你，我为什么快乐。我爱我的妻子和孩子，我爱我的朋友们，他们也爱我。我自力更生，不欠任何人的钱。我为什么不应该快乐呢？而

且,这条迪河,使我的水磨运转,水磨每天把谷物磨成面粉,养育我的妻子、孩子和我。"

"真是不可思议。"国王说,"我真的羡慕你,你这顶落满粉尘的帽子比我这顶王冠更有价值。你的磨坊给你带来的快乐要比我的王国给我带来的还多。如果人们都像你这样,这个世界该是多么美好!"

每个人都体验过快乐:心情舒畅,喝一杯清茶,也觉得神清气爽,非常愉快;有时美味佳肴,但一肠愁绪,毫无快乐可言。所以,快乐绝不是某人的专利,而是人所共有的一种心态,一种积极高尚的精神体验。任何人只要脱离了每天为吃穿犯愁的困境,生活中总是有着无限乐趣和蓬勃生机。过得快乐与否,就看你是否善于发现人生的美好,是否有一颗快乐的心。

拥有一颗快乐的心,对我们保持积极的心态是非常重要的。小孩子拥有一颗快乐的心,就会不知烦恼,天天向上,快乐成长;年轻人拥有一颗快乐的心,就能精神百倍,勇往直前,事业有成;老年人拥有一颗快乐的心,就能自得其乐,健康长寿,尽享天伦之乐。

一个人,只要能保持快乐的心情,就能在生活中保持最好的状态,勇敢面对任何困难和障碍,克服重重险阻,最终取得事业的成功。即使面对逆境,也绝不会轻言失败。

曾有一群煤矿工人在地震之后被困在废墟下,每个人的心态决定了他们是否能在困境中顽强地生存下去。那些将困境视为绝境的人因为意志崩溃而导致身体能量系统不能有效地工作,身体各个机能逐渐衰退。在缺少水和食物的情况下,这将是把他们推向死亡的死神之手;而那些意志坚强,坚信光明终究到来的人,体内会制造出永不枯竭的生命能量,帮助他们渡过难关。这就是乐观带给人们的无穷力量,它大到足以支撑整个生命。要使你的心灵保持宁静与和谐,不被一些琐事所笼罩,就要用智慧之泉来灌溉。

拥有一颗快乐的心贵在有一个乐观开明、豁达洒脱的心态。困难面前,从容不迫,把困难视为机遇,把困难作为挑战,坚信困难是暂时的，并快乐地去积极应战；面对逆境，不灰心丧气，把逆境看作是自己人生中最重要的一段经历，把逆境作为磨炼自己意志的重要场所，坚信逆境是暂时的，并快乐地去应对一切；面对失败，不心灰意冷，把失败作为自己人生的考验，坚信失败是暂时的，并快乐地去奋力拼搏。只是在拼搏的时候，请别忘记欣赏被我们忽略的风景。

人生就像是一次旅行，目的地相同，但是经过的路途却千差万别。从起点到终点，有人聊天，有人睡觉，有人玩扑克，有人埋头读书，有人欣赏沿途的风光，到达终点站，每个人的收获却不同。有人说太闷了，有人说太辛苦了，有人说路上的风光很美。不难看出，收获最多，心情最愉快的还是沿途欣赏风光的那些人。

人生苦短，在获得了一定的物质基础之后，我们不必要一生追逐名利，而错过人生路途中的美景。很多时候，我们往往因为诱惑而做了一些徒劳的努力，或者因为某个承诺一点虚荣而葬送了自己的青春，人生最美好的季节和风景却完全没有机会驻足观赏。我们不曾留意路边的风景，也不愿过多的停留。当有一天也许只是偶然间的一次回眸，你会发现原来路边的风景那么美，甚至比你一心想要寻找的桃花源更有魅力。

让自信闪耀出真色彩

缺乏自信的人在权威面前只是俯首称臣，怀疑自己，只相信权威。只有自信心极强的人才能坚持自己的看法而无视权威的地位。热爱自己的生命就是要相信自己生命的价值，既不过分地抬高自己，也不暗自贬低自己，而是让自己的价值闪耀出真色彩。

好的习惯会给人带来好的发展前途。所以，在现实生活中，一定要养成相信自己的习惯，只有这样，才可能取得成功。另外，还要有坚强的毅力和坚定的信念。当你具备了这些素养之后，所有的困难都压不住你，你定能冲破重重阻碍，最终抵达胜利的彼岸。如果只是想想，而不采取实际行动，其结果必然是不堪设想的。因此，付诸实践是最重要的。

一个人如果完全认为或在相当程度上认为自己不行或比较差，那他是绝对不可能取得成功的。我们一般都会得到所希望得到的，如果我们不希望什么，自然什么也得不到。

当我们迈的每一步都是朝向失败的不归路时，我们怎么能希望自己达到成功的目标呢？即使我们工作的方式方法对头，但是思想不对路，思想消沉、沮丧和绝望则往往使我们的努力白白浪费。

在生活中，很多人都是善于幻想，而不善于行动，最终走向了无底深渊。这是非常忌讳的。它不仅会让你一事无成，而且会浪费掉你很多的时间，得不偿失，是非常令人痛心的。

一方面渴望发财致富，然而另一方面却总不相信能摆脱贫穷，总是怀疑自己的能力，这就如同南辕北辙一样。如果一个人总是怀疑自己获得成功的能力，那他想获得成功是毫无道理的，因而他总会招致失败。成功之人必定经常想着成功，必定经常往好的方面想。他的思想必定富于进取精神，富于创造力，必定是建设性的、创新型的。

如果这样，你将会朝向你正面的成功方向走。如果你只看到你贫穷、缺乏的那一面，那你会朝失败的另一条道上走去。相反，如果你果断转过身来，断然拒绝想象你贫困的那一面，那么，你将会在你渴望富足的目标上取得进展。

只要你能充分地发挥赚钱的能力，你就不可能在生命中扮演贫穷者的角色。要是你总是处于一种贫民窟氛围式的心态，你就绝不可能赚取到钱财。

一则谚语说，绵羊咩咩地叫一次，它就会失掉一口干草。如果你每抱怨一次你的苦恼，你每允许自己说一次："我是穷人，我不行；我不可能取得其他人那样的成就；我绝不可能富裕；我没有其他人的那些能力；我是一个失败者；幸运不可能降临到我的头上。"那么，你就为你自己设置了很多的障碍，你就会越来越苦恼，你就会越来越感到困难，你就会越来越难于摆脱破坏你健康心态的敌人，你就会越来越难于摆脱破坏你幸福的敌人。因为，你每想象它们一次，它们就会更深一点地潜进你的意识中。

思想宛如一块磁铁，能吸引类似于它们自己的东西。如果你的心里总是想着贫穷和疾病，那么，你的这种思想就会带给你贫穷和疾病。你的成就首先是在你的思想上取得的。

如果你总是想象自己可能事业不顺，并总是准备它、担心它，如果总是抱怨时运不济，总是担心事业不可能有好的结果，那么，你的事业就真的不会有好结果。无论你多么努力工作以期望取得成功，如果你头脑里充满的是担心失败的思想，那么，你的这种担心失败的思想将会使你的努力付之东流，从而使得你不可能取得你所希望取得的成功。

许多人都相信成功的可能，但他们却多半都不拥有实现成功的信念，从而导致他们的生活更加混乱。但是有些人却能怀抱着有效的信念，每天花三四分钟时间在镜子面前朗诵那些令人振奋、自信的语句，使这种信念充塞整个心灵，那么，任何的障碍都能迎刃而解。你会伴随着胜利的感觉而得到崭新的经验。

时常面露微笑，那会使你充满活力和能量。人通过态度、行为、姿势、说话和眼神……来表现自己的自信。你能够对人生选择你的思考、反应，你能够调整感情朝着建设性的方向发展。并且，你能够像信赖化学、物理、数学以及电子技术一样，对潜在的自信能有深度的信赖感。

抗挫力 快步走出人生泥淖

保持自信，谁都能爆发出惊人力量

一个人的一生中不可能没有挫折，战胜挫折、追求成功离不开自信的心态。

在生活中，我们一定要重视自信心的作用，因为它是引导人们走向胜利的阶梯。一般情况下，那些适应能力强的人往往是有着充足自信心的人，而那些适应能力较差的人往往也是没有自信心的人。世界上很多人正是因为缺乏自信才最终在碌碌无为中度过一生的。

曾经有人做过这样一个调查：你自己认为最难解决的私人问题是什么？在被调查的人中，75%的人在答卷上选择"信心不足"的答案。

十分巧合的是，这个世界上至少有2／3的人营养不良，也就是说，这个世界上信心不足的人数和营养不良的人数一样多。营养不良，使人身体无法正常发育；自信心不足，也会带来精神上的发育不良。

缺乏自信心，是人生的一大悲哀。这种悲哀在于，他们把"自我"丢失了。他们不相信自己的能力，甚至在做决定的时候，亦步亦趋。可想，一个丢失了"自我"的人，怎么能够体会到生活的乐趣？

相反，当自信心融合在思想里时，一个人便能爆发出惊人的力量，这种力量能促使人更快实现成功。也就是说，自信心对成功来说是非常重要的，而缺乏自信心的人将一事无成。

英国诗人济慈幼时父母双亡，一生贫困，备受文艺批评家抨击，恋爱失败，身染病病，26岁即去世。济慈一生虽然潦倒不堪，却从来没有向困难屈服过。他在少年时代读到斯宾塞的《仙后》之后，就肯定自己也注定要成为诗人。一次，他说："我想，我可以跻身于英国诗人之列。"就这样，济慈一生都致力于这个最伟大的目标，并最终成为一位永垂不朽的诗人。

相信自己能够成功，成功的可能性就会大为增加。如果一个人自己心里认定会失败，那他就没有足够的信心去克服困难，也就很难获得成功。因此，对于任何一个人来说，要想战胜前进途中的困难，要想尽快取得成功，就必须不断增强自己的自信心。

要增强自信心，就必须培养并相信自己的能力。众所周知，电话是贝尔发明的，可是，很少有人知道，在贝尔之前，就有人发明了电话，只是当时公众并不相信他的发明，结果这个人就放弃了；贝尔发明了电话后，起初大家也不理睬和相信，但是他依然满怀信心，不断利用各种机会广泛宣传，终于把电话推广开来。

从贝尔发明电话的例子中，我们可以看出：一个相信自己的能力的人和不相信自己能力的人，结果完全不同。

1993年秋，宁夏人民出版社出版了一位农民写的书——《青山洞》。小说的作者叫张效友，1949年出生在陕西省定边县右洞乡一个贫困的农民家庭，小学三年级就辍学了。

在1972年，当时23岁的张效友参加了"四清"工作队。6年之后他已经对农村生活的复杂性了如指掌。独特的生活经验使得他对农村生活有了自己的看法，但却没法表达自己的心声，于是决定通过写小说来表达自己内心的压抑。当一位朋友得知他的决定之后，给他猛泼了一顿凉水。他认为张效友文化层次太低，写小说不可能。

张效友却认为：苏联的奥斯特洛夫斯基没有文化却写成了《钢铁是怎样炼成的》。张效友越想越不能平静，他想：作家是人，咱也是人，有什么写不了的。什么文化不文化的，他们一开始就有文化吗？写上几年不就有文化了？

所以，他仍然坚持自己的决定。从此以后，他白天干活，晚上在

厨房里构思。慢慢地就产生了一个思路，但是又感觉不满意，决定重新再想。他一点一点地想，一点一点地安排，每一部分写什么事，如何连贯，反复推敲。写下来之后再反复修改。最终，两年之后，他确定了全书的基本框架。

经过两年的摸索，他找到了写作的感觉，他说："虽然看起来写小说是非常困难的，但只要你能下功夫，什么事情都不在话下。"

但没过多长时间，问题又来了。由于张效友在干活的时候没有集中精神，心里塞满了书稿内容，结果造成连续烧坏了五台浇灌用的电动机，损失上千元。为了有更多的时间写小说，他还把责任田承包给了他人。这件事情触怒了妻子，一怒之下把他的书稿全部烧掉了。这简直是要了张效友的命，他不想活了，想投井自尽，是儿子抱住了他的双腿。

在那段时间里，他整天悲痛欲绝，但他又换了一种思考方式：自古英雄多磨难，不经历风雨，怎能见彩虹？书稿没有了，可以重写。于是他又开始了新一轮的工作。为了不再发生之前的事情，他偷偷地将冬天储藏土豆的菜窖清理出来，躲在地窖里夜以继日地忘我工作。可见他有着多么顽强的毅力。

后来，妻子病了，他很内疚，决定先放下写作去挣钱。他到西安打工，走进劳务市场，突然觉得灵感来了。他掏出纸就写。过了一段时间找不到工作，听说银川工作好找，又到银川。带的钱花光了，没有饭吃，更没有钱买纸笔。最终还是没找到工作，只能"打道回府"。

回到家之后，当妻子得知他没有挣到钱，一气之下抢下他的书包，掏出手稿，扔进了火炉里，这又烧掉了他几个月的心血。但令他高兴的是，烧掉的只是一部分。他对妻子说："你烧吧，我不怕，只要我这个人活着，我还是可以继续写的。"妻子被张效友坚定的决心感动了。于是，开始支持他写作。

在1993年的秋天，张效友的长篇小说《青山洞》由宁夏人民出版社出版了。1995年，他的作品获奖，中央电视台还专门播出了他的事迹。

有了自信，农民也可以写书。是自信改变了张效友的人生轨迹。

自信是一块伟大的奠基石，有信心谁都能创造奇迹。在所有的困难与挫折面前，只要你还相信自己，还保留着自信，所有的困难都是纸老虎，所有的挫折终将会化成灰烬。

抗挫力

快步走出人生泥淖

第四章 在忍耐坚持中储蓄抗挫力

在日常生活中，我们应该做到随时控制自己的情绪，做情绪的主人，而不是情绪的奴隶。在遇到问题的时候，我们应当冷静、客观、忍耐地面对现实，而不是冲动、主观逃避，只有这样，才能解决生活中的各种问题。

忍耐能带来无尽的好处

忍耐和坚持是痛苦的，但它会带来无尽的好处。

忍耐是一种修养。我们常常说用人要坚持德才兼备的条件。所谓德才兼备，其中就包括忍耐。有人说，有才必须忍耐，忍耐才能有德，一语道破天机！综观历史，凡有作为的成功者都是有修养，能忍耐的人。

在成为画家之前，梵高是一个矿区的牧师。有一次，在他和工人一块儿下井的时候，坐在升降机上，他非常害怕。当时铁索不断发出声响，而且还晃晃悠悠，所有的人都不说话，在进入"黑洞"时简直就如下地狱一般。这个事情过了一段时间，梵高问那些根本不害怕的老工人："我看你们一点儿都不害怕，是不是因为已经习惯了？"没想到，这位已经有几十年坐升降机经验的老工人说："不，我们不可能习惯，我们也非常害怕的，我们只是学会了忍耐。"

的确，在现实生活中，有很多事情是我们一辈子都无法习惯的，但由于它们又是必要的，所以我们只有学会忍耐和克制，才能平安地度过每一天。当你遇到困难的时候，学会忍耐可以让成功早点到来。雪莱的《西风颂》中有这样一句诗"冬天来了，春天还会远吗？"的确，在寒冷的冬天，我们忍受住了就会如期地迎来春暖花开的春天。所以所有困难的日子都是在为之后的好日子做铺垫。

有这样一个故事足以说明忍耐的重要性：一个年轻人在毕业之后

被分配到一个海上油田钻井队工作。在他工作报到的第一天,领班要求他在限定的时间内登上几十米高的钻井架,目的就是把一个包装好的漂亮盒子拿给在井架顶层的主管。当时接受任务的年轻人是非常高兴的,因为他想证明自己的能力给大家看,于是抱着盒子,快步登上通往井架顶层的舷梯,这些梯子是非常狭窄的;好不容易爬到了顶层,把盒子交给主管时,主管只在盒子上面签下自己的名字,又让他送回去。所以,他又快步走下舷梯,把盒子交给领班,而领班也是同样在盒子上面签下自己的名字,让他再次送给主管。这样连续重复了三次。

其实在第二次的时候,年轻人已经忍受不住了,他觉得这两位"前辈"是在整他,虽然感到愤怒和不满,但他还是听从了安排。

在第三次的时候,年轻人已经筋疲力尽了,汗水湿透了他的衣服,当他把盒子交给主管的时候,主管让他把盒子打开。

年轻人按照主管的话做了,撕开包装纸,打开包装盒之后,发现里面是两个玻璃罐:一罐是咖啡,另一罐是咖啡伴侣。此时的他已经无法克制心中的怒火,怒气冲冲地看着主管。主管又对他说:"把咖啡冲上。"听到这句话之后,年轻人终于爆发了,他把盒子仍在了地上说:"你爱找谁冲找谁冲,这活我没法干了!"在发完火之后,他的心里感觉一块石头落地了,心里是异常的轻松和快乐。

听年轻人这么说,主管站起身来,盯着他说:"现在你可以走了。不过我可以实话告诉你,让你上来这三次是做'承受极限训练'。你知道为什么要做这个训练吗?因为我们在海上作业,随时会遇到危险,这就要求队员们有极强的承受力,承受各种危险的考验,只有这样才能成功地完成海上作业任务。刚开始,你是非常棒的,因为你完成了三次来回,但很可惜的是你最后这一点没有做到,没有喝到你自己亲手冲的咖啡。你走吧。"

事实证明,坚持是我们取得成功的必备要素。或许在坚持的过程中,很多事情会让我们感觉力不从心,让我们无法承受,但有一点应该记住,那就是要学会忍耐和坚持。只有这样,我们才能逐步完成别人对我们的考验，也会使我们对自己越来越有信心。经过一段时间的磨炼之后，我们必定成为生活的强者。

革命家陶铸曾经说："心底无私天地宽。只有做到心地纯正，才能保证拥有宽广的胸怀，进而也会有开朗的性格。当与别人发生矛盾和冲突的时候，一定要从自身寻找原因，宽以待人，只有这样才能妥善处理问题。如果感觉自己受到了委屈，那也要忍耐，找到缓解自己心情的办法。千万不能反唇相讥、以眼还眼、以牙还牙。否则就会让事情变得更糟。"

其实，很多人认为忍让是懦弱的表现，其实不然。忍耐是一种修养，更是一种涵养。它是经过长时间的磨炼才形成的，它会让人有更加沉稳的性格，做事更加稳重。同时，它也可以让人从容地面对生活中的苦难。失去忍耐力的人必然会导致不堪设想的后果。

忍耐是一种理智、一种美德、一种成熟的表现。忍耐是一种追求的策略，一个追求更大成功的人，往往在关键时刻，能做到忍气吞声。

能忍辱，就是与痛苦拉开了距离

谁都有辱。世界是不圆满的，不圆满就会有不如意，不如意就会有辱。

受辱的后果是什么？是嗔心。当一个人的嗔恨心出现的时候，他的无明怒火就会把自己烧得心焦如焚，坐立不安，口中说出的话做出的事，都像一把把锋利的小刀子，狠狠伤害到别人。

有位青年脾气很暴躁，经常和别人打架，大家都不喜欢他。

有一天，他无意中来到了大德寺，正好听到一位禅师在说法。他

听过之后深有感触,并发誓要改正错误,不再跟人家打架,他对禅师说:"师父,我以后再也不跟别人打架了,这样我失去了很多。如果别人惹我了,我不再做出任何的回应,即使是他们朝我吐口水,我忍耐着擦了就行。"

听到年轻人这样说,禅师笑着说:"就让口水自己干了吧,何必擦掉呢?"

听禅师让他如此忍耐,他非常惊讶,于是问禅师:"何必这样忍受呢,能稍微忍耐一下不就行了吗?"

禅师说:"这是可以忍受的,你权当是苍蝇落在你的脸上,没必要跟它打架。人家只是朝你吐口水而已,并没有做什么太过分的事情,你就接受吧。"

"那如果对方不只是吐口水,而是用拳头打过来,那应该怎么办?"青年问道。

禅师回答说:"做法一样,不必在意。"

青年听了禅师的话之后感觉他说的一点也不对,他只是在教导自己懦弱罢了,于是忍不住举起手来打了禅师的头,并问:"和尚,我现在打你了,看你怎么做?"

没想到,禅师仍然微笑着说:"我的头很硬,你打我,我自己没有什么感觉,你的手应该有感觉吧,应该是非常痛的。"

禅师的这一席话彻底把年轻人给惊住了,他突然间大彻大悟。

禅师是心中无一辱,青年的心头火伤不到他半根毫毛。这就叫忍辱。禅师教导青年如何忍辱,并身体力行。大家都觉得忍受侮辱是很痛苦的事情,需要很大的精神力量才能压制住火气。其实,我们都把"辱"看得过于严重了。

忍辱不仅能改善人际关系,使人与人之间减少摩擦,还能提升人生的境界。

龙虎寺一位擅长描绘丹青的学僧在院墙上画了一幅画,表现龙争虎斗的场面,画好后几次修改,总是觉得不满意,没有斗气,于是学僧请来无德禅师评鉴。

无德禅师看后说道:"龙和虎的外形画得不错,但没有把握住龙与虎的特性。龙在攻击之前,头必须向后退缩;虎要上扑时,头必然向下压低。龙头向后的屈度越大,虎头越贴近地面,它们也就能冲得更快、跳得更高。"

"老师真是一语道破,难怪我觉得动态不足。"学僧非常佩服。

"为人处世、参禅修道的道理也是一样。"无德禅师借机开示道,"退一步,才能冲得更远;谦卑的反省,才能爬得更高。"

有学僧不解地问道:"老师!退步的人怎能向前?谦卑的人怎能更高?"

无德禅师严肃地说道:"你们且听我的禅诗:手把青秧插满田,低头便见水中天;身心清净方为道,退步原来是向前。仁者能会意吗?"

学僧听后,顿有省悟!

无德禅师通过讲解龙虎的姿态,向弟子们揭示了进退之间并没有本质的区别。龙头后屈是为了有更大的向前攻击的力量,虎头贴地是为了跳起来更为威猛有力。一时的忍耐并不意味着软弱退让,反而是在酝酿着更为有力的攻击。

退一步海阔天空。遇到屈辱的事情,后退几步给自己回旋的余地,也是让自己与痛苦拉开距离,不让嗔怒伤害到自己。

工欲善其事,必先利其器

天将降大任于斯人也,必先苦其心志,劳其筋骨,饿其体肤,空

乏其身，行拂乱其所为，所以动心忍性，增益其所不能。

——孟子

孟子曰："舜发于畎亩之中，傅说举于版筑之间，胶鬲举于鱼盐之中，管夷吾举于士，孙叔敖举于海，百里奚举于市。故天将降大任于斯人也，必先苦其心志，劳其筋骨，饿其体肤，空乏其身……"

意思就是说：当上天决定要把重大使命交付给某个人时，一定要先使他的意志受到磨炼，使他的筋骨受到劳累，使他的身体忍饥挨饿，使他备受穷困之苦，做事总是不能顺利，这样才能震动他的心志，坚韧他的性情，增长他的才能。

逆境能打败弱者，也能造就强者，奇迹是老天赐给能够捱过磨难和挫折者的最大奖赏。真正取得巨大成就的人，总是善于隐忍，忍受命运的不公，忍受命运一次又一次的折磨，忍受逆境接二连三的洗涤，也只有这样的人，才能取得最为丰硕的成果。

"肯德基"在全世界都家喻户晓，也许你对肯德基每一项产品都如数家珍、倒背如流，但对肯德基的创始人哈伦德·山德士知道多少？你可知道他的一生从事过几十种行业，而创建肯德基是他最后一次创业，也是最成功的一次吗？你又是否知道他88岁高龄才大获成功呢？

山德士原本生活在一个虽不富裕却很幸福的家庭中，父母对他十分疼爱，不幸的是父亲在他5岁时就意外离世。

13岁时，母亲因不堪生活重担而改嫁他人，他便辍学，开始到处流浪的生活。

他当过杂工，当过电车售票员，但都不是很顺心。

16岁时他谎报年龄从军，严苛又枯燥无味的军队生活磨炼了他的意志，教会了他坚忍。

一年服役期满后他开了间铁匠铺，谁知没多久就倒闭了。

17岁时，他在美国南方铁路当一名火车头加煤工，他认为终于找到了属于他的位置。

18岁时，他结了婚，却在得知太太怀孕的当天，接到了解雇通知。

然而，在他四处奔波忙着找工作时，妻子却卖掉他们所有的财产，带着女儿出走了。

之后，他卖过保险，卖过轮胎，经营过渡船，开过加油站，却都以失败告终，而他也一次又一次忍了下来，从不屈服于命运的折磨。

后来，他当上一家餐馆的主厨，没多久，餐馆又因要新修马路而被迫拆除。

转眼间，他已经到了退休的年龄，眼看一生即将走到尽头，他仍一无所有，就像一个棒球打击手，一辈子都没能打中任何球一样。

就在拿到退休金的那天，他想要成功的潜意识似乎又被激发，他又一次觉醒了。他用他的退休金——那张一百零五美元的支票开创了他崭新的事业：肯德基快餐店。

几年后，他的事业欣欣向荣，而他，也终于在88岁高龄时大获成功。

正是哈伦德·山德士的不断隐忍、不断寻找自己成功的机会，才使得他在人生的后半段，获得了梦寐以求的辉煌成就。如果他听从朋友的话，拿着保险金过余生，不再尝试，那他这一生都将是黯淡无光的。

一位年轻人问著名的小提琴家格拉迪尼："你用了多长时间学琴？"格拉迪尼回答："20年，每天12小时。"

一位年轻牧师问基督教长老会著名牧师利曼·比彻："那篇关于'神的政府'的布道词你准备了多长时间？""大约40年。"牧师回答。

在走向成功的道路上，如果你没有耐心等待成功的到来，那么，你只好用一生的耐心去等待失败。在任何时候都要谨记：天将降大任于斯人也，必先苦其心志，劳其筋骨，饿其体肤。因此，想成功，一定要锻炼自己的耐力！

快步走出人生泥淖

"不倒翁精神"不能死

不倒翁为什么怎么打也不会倒？即使用再大的力量，在触地的那一刻它也会再度摇摇晃晃地站起来？这个秘密关系着平衡。

一个人若能将柔与忍的做人哲学应用在自己的日常生活中，就会寻找到这种平衡，从而获得力量，不会被生活中的种种问题给击倒。

在很久很久以前，有一个国王想修一座宫殿，他发誓要建成世界上最坚固的房子。于是国王晓谕全国，有谁能够建造出世上最坚固的房子，谁就能获得国王最大的奖赏。

有无数的能工巧匠前来接受挑战，可是国王一一询问，都不满意，他们没有一点新意，当然也就建不出世界上最坚固的房子。

直到有一天，一个叫巴伦斯的老人来到国王面前。国王见老人眉须皆白，就好奇地问他："老人家，你如此高龄，凭什么断定自己就能盖世界上最坚固的房子？"

巴伦斯老人回答道："我专门修建世界上最结实的房子，因为我有七个儿子，他们是信念、行动、爱心、始终如一、自然和谐、自律和效率。我这七个儿子会造出七根柱子，用这七根柱子就可以支撑起世界上最坚固的房子。"

国王非常高兴，说："不错，就是这样。你有正确的方法，你和你的七个儿子将得到我的奖赏。"

当然，巴伦斯老人的房子不在地上，而是建在人们的心里。

一个人有信念，才会有自信，才会为自己树立目标，不论在追求目标的道路上会有多少磨难，他都会忍耐坚持下去。

下面看一个人的例子：

1831年，生意失败。

1832年，竞选州议员失败。

1833年，第二次生意破产，用17年的时间还清债务。

1836年，婚姻失败。

1838年，成为一个职业演讲人失败。

1843年，竞选众议员失败。

1848年，再次竞选众议员失败。

1855年，竞选参议员失败。

1856年，竞选副总统失败。

1858年，竞选参议员失败。

1860年，当选为美国总统。

他就是亚伯拉罕·林肯。

这个人的前半生大部分时间都在失败中度过，如果他没有柔、忍之心，又怎么能够一直坚持自己的信念，最终成为美国历史上最伟大的总统之一呢？

一个人若单单是勇猛无畏，那可能会有撞上南墙的一天；一个人若单单是善良慈悲，那也可能会被人所欺骗；一个人若单单是默默忍耐，也可能会被生活的火山灰给压熄了所有的希望；一个人若单单是讲究策略手段，那可能会流于庸俗的狡狯……

可是，如果一个人能在这其中掌握好平衡，勇猛但不冲动，善良但不单纯，柔婉但不贪婪，忍耐但不懦弱……那么，他的生活必然是能焕发出与众不同的光彩来的，无论生活给予他的是苦难还是幸福，他都不会轻易被击垮。即使遇到失败和挫折，他也都能够重新振作起来。这就是平衡的重要，也是不倒翁不倒的秘密。

降低"我受不了了主义"的影响

在现实生活中,有些人总是喜欢放大自己的不如意。工作中受了一点委屈,朋友误会了自己,只要是自己不喜欢的事情发生,他们往往就会不知所措地抱怨:"我受不了了!我没法再忍受下去了!"可实际情况远没有那么糟。

仔细分析一下,你会发现根本没什么事情让你真的受不了。即使你当时无法接受一些事情,可等自己冷静下来你就会发现,事情并没有糟糕到无法挽回的地步。

张伟大学毕业进入了一个软件开发公司,他本人能力出色,进公司不到半年,就为公司开发出好几种软件。可他与上司的关系并不好,这一度让他的人际关系陷入僵局。

那些工作能力不如他的人对上司阿谀奉承,赢得了上司的青睐。在一次晋升中,张伟本来很有希望升为项目组长,结果却被一个比他进公司晚,能力不如他的同事抢先了。

张伟宁愿坚持自己的原则,也不愿将自己变成水——可以装进任何容器里。他不愿妥协于阿谀谄媚,他觉得自己实在无法忍受主管的反复无常和假公济私,决定离职。

在递辞职信时,他在楼梯间遇其他的部门的主管,他俩仅有数面之缘,他微微一笑,点头招呼。这位主管看见他手上的辞职信,一脸的惊讶,对他说:"如果你另有高就,那恭喜你;如果是为了你们部门的主管，那你可能要考虑一下。你一定要学习着如何与不同的人相处。不然你永远都会遇见这种人，然后手足无措。"

张伟听了这番话，突然明白了，其实这件事远没有自己想象的那么严重，不是什么大不了的事。如果因为这个而影响了自己的职业发展，那就得不偿失了。后来，张伟没有离职，他试着去学习如何与主管相处，他仍然不认同一些与自己原则相悖的事情，但他不再反抗。他看见事情好的一面，他和主管之间也从对立变成平行。

也许你真的无法承受某些痛苦的事情，如没能找到一份好工作，或者被你所爱的人拒绝，但你会因此就失去生命吗？不会的。

事实上，在那些你不喜欢的事情中，几乎没有什么事对你来说是性命攸关的，而且如果你真的面临实实在在的危险，那么你反而不会轻易说："我受不了了！"也就是说，你实际上是能够忍受几乎每一件你所不喜欢的事情的。

让我们主动去降低"受不了了主义"的负面影响吧。走出自我设置的困境，面对现实，坦然接受，相信你可以做得更好。

抗挫力

快步走出人生泥淖

挑战失败，仍需忍耐

当我们遭遇失败的时候，我们不能放弃，而是要使出浑身解数，全力以赴，通过自己的努力取得成功。另外，在这个过程中，我们应该放低自己的姿态，不应该凡事与那些比自己强的人相比较，而应该把他们当作自己奋斗的目标。另外，更重要的是要找到自己可以完成的事情，并坚持下去。另外，要对自己进行积极的心理暗示，不能有消极的心态，只有这样，成功才会离你越来越近。

从古至今，有无数人的事迹在激励鼓舞着我们，特别是那些残疾人更有说服力。他们在身体存有缺陷的情况下仍然奋斗拼搏，最终取得了成功。如斯蒂芬·霍金是个神经系统失调的人，他的说话能力受到了严重影响，而且他只能坐在轮椅上，无法自由活动。然而在物理方面，他却做出了惊人的成就，他为当代解释宇宙做出了重要的理论贡献。他的地位是可以与爱因斯坦、牛顿相媲美的。

图鲁斯·劳特瑞克长得畸形而矮小，但他创造的杰出绘画，使其成为印象派时代最伟大的天才之一。尽管他身材矮小，在艺术领域却被视为一位巨人。

尽管这些人都有难以逾越的障碍，但他们还是成功了。人们有道理认为，假若他们在抱怨自身不幸和身体缺陷中度过了他们富有创造性的宝贵时光，那么，除了日渐衰老和迟钝外，他们将一事无成。

在人类的实践史和认识史中，失败的事件和不正确的认识曾耗费了人们大部分的时间和精力。甚至可以这样说，成功往往是从失败开始，并伴随着失败而获得的。

面对失败，总结经验，汲取教训，再接再厉，才能取得事业的成功。

学会忍耐不是一件简单的事，但我们还是得忍耐，因为忍耐能为我们带来意想不到的收获。

生活中常会碰到这样的事：丈夫出去办事，尽管他应该先给妻子打个电话，或许是该在他回来后诚恳地向妻子道个歉，但这些他都没有做，于是妻子会在心里暗暗地怨他。有时因不知丈夫到底干什么去了，而心生疑虑，一种不悦的情绪时不时地袭扰妻子，无端地在心里发着无名火。于是妻子感到内心很沉重，问题自然而然地就产生了。下面的故事就说明了这个问题。

听到钥匙的开门声，愤怒的梅真想跳起来把他推出去。满满一桌饭菜凉了又热，热了又凉，那可全都是丈夫爱吃的。然而丈夫丝毫没有意识到梅的一腔柔情，也早忘了今天是他们结婚5周年的纪念日。

他的全部兴奋点都在今晚的足球赛上，那精彩的临门一脚仿佛是他射进的一般。梅真想在他眉飞色舞的脸上打一拳，然而一个声音告诫她："别这样，亲爱的，再忍耐两分钟。"

在两分钟之后，梅的气已经消的差不多了。她这样想："男人本来就不如女人细心，而这场足球赛他期盼了很久，看就看吧。"这种想法极大地安慰了自己。心里平静许多之后，她又把饭菜热了一下，然后倒上酒，让丈夫过来吃饭，当时惊讶万分的丈夫对着梅说："亲爱的，今天是什么日子呢？"

"今天是我们的结婚纪念日呀。"

愣了片刻的丈夫抱住梅："宝贝，真对不起，今晚我不该去看球赛。"梅笑了，她暗自庆幸几分钟前自己压住了火气，没大发雷霆。

我们每个家庭当中，夫妻吵架，都是因为这些不值得一提的事引起的。你细细想一下，要像梅这样再忍耐两分钟，是不是很利于家庭和睦幸福呢？

没有适当的忍耐，就不会有双方的快乐和幸福，忍耐是尊重并理解对方的一种理智的表现。

是啊，挑战失败，仍需忍耐。在面对失败时，不仅需要勇气，更要学会忍耐，忍耐的最后或许就是另一种成功。

具有忍耐到底的信念

俗话说：只要有耐心，即使不祷告，愿望也是可以实现的。也就是说，忍耐到底，就会看到胜利曙光来临。

在获得成功的人中，具有强大忍耐力的人有很多，其主要原因就在于他们在失败后都能够不厌其烦地努力，从而磨炼了自身的性格，增强了忍耐力。

在现实中，大部分的事情总会有办法处理，不管什么事，总会视其努力的结果而有相当的成果产生。因此，无论我们碰到什么样的困难，都不应该逃避，而要认真努力地做下去。在这个过程中，失败是在所难免的，因此我们需要忍耐到底，坚持到底。

举世闻名的童话作家——安徒生出生于丹麦乡村一个皮鞋匠的家庭。由于家境非常贫穷，他连小学都没有念完，身体也非常消瘦。这种人是否还有其他的路可以走下去呢？

一天，安徒生孤独地走在哥本哈根的街头——在这座城市里，他没有一个认识的人，没有谁能给他出主意或者安慰他，他也一事无成。他想到了死，但耳边马上又响起了他读过的那些书里的句子："人们在能够取得任何成就之前，必须首先吃大苦。"

凭着这种坚韧的精神、在挫折和失败面前不低头的勇气和对艺术事业的追求，安徒生又叩响了一位音乐学校教授的家门。他对教授说："只要您让我留下学习，我给您干什么活都行。"这位善良的教授被他求学的热情所感动，同意收他为学生，教他唱歌并帮助他补习其他文化课。安徒生欣喜若狂，全身心地投入到艺术的怀抱里。他每天刻苦练唱，虚心向老师学习，一有空闲马上就贪婪地阅读古典文学作品。

然而，厄运很快就找上了他：第二年冬天，哥本哈根的天气特别寒冷，他没钱买衣服和鞋，不断生病咳嗽，使嗓子受了伤；半年后，他的嗓音全变了，当一名优秀歌手的希望成为泡影，他也不得不走出音乐学校的大门。

安徒生深知自己再也没有条件成为演员了，但他对艺术的追求丝毫没有动摇。他坚信自己可以从另外一条路去攀登艺术的高峰，这便是文学创作。决心下定，他便朝着创作的大路开拓前进了。

最初，安徒生模仿莎士比亚的戏剧写了剧本《阿芙索尔》。他亲自送给一位莎士比亚戏剧的翻译者并向他请教。他的剧本受到翻译家的称赞，一家刊物的编辑对他的剧本也很感兴趣，并从中选出了一篇发表。皇家歌剧院发现安徒生很有写作才能，便拿出一笔钱，送他到一所中学继续学习深造。在那里，17岁的安徒生废寝忘食地阅读了大量优秀的文学作品，并试着自己写诗和剧本。但是，那所学校的校长看不起出身卑贱的安徒生，对他通俗的大众语言写作更是不能忍受。面对校长无休止的讽刺、挑剔、指责，他忍无可忍，愤然出走。

历经磨难的安徒生终于下定决心依靠自己来进行创作。他租住了一间破房子的顶楼，夜以继日地写作。后来，在一些真诚的艺术家的帮助下，23岁的安徒生进入哥本哈根大学攻读文学，从此走上了文学创作的道路。他写的剧本、散文和诗不断在报刊上发表并深得读者的好评——文学殿堂的大门终于向这个勤奋的孩子敞开了，他也最终成为了享誉世界的童话大师。

有句话说得好：天助自助者。只有能够忍耐到最后的人，成功的果实才是属于他的。

他从小痴迷相声，8岁开始学艺，"说学逗唱"样样拿手。可是没想到，他生不逢时，正当他学有所成，准备大展拳脚之际，相声艺术忽然跌入低谷。有人提醒他：相声已经完了，观众都看小品去了，趁着现在还年轻，你赶紧改行吧。

但是，他执着于自己的梦想，希望有朝一日能成为相声明星，走在大街上被人堵着要签名。为了寻梦，他两次进京，但均无功而返。第三次，他揣着仅有的几千块钱，又漂在了北京。没过多久，钱花光了，梦想却依然遥遥无期，他找不到自己的舞台。最困难的时候，他一日三餐只能吃面条，快交房租的那几天，他就更加睡不踏实了，每月150元的房租无疑是一笔巨款。房东上门来收钱，好几次把门踹得咚咚作响，却总是找不着人。其实，他就躲在里面，只是不敢吱声，因为他实在拿不出钱。他白天不敢出门，只好晚上出去，也不敢走大门——他怕遇上守门的老头儿：房子是老头儿帮他租的，没钱拿什么跟人家交代呢？于是，夜深人静之时，他就翻墙而出。

因为相声，他被困在了北京。为了生计，他只好出去找点儿零活儿干，回到出租屋又趴在小凳上进行创作。虽然梦想似乎遥不可及，可他一刻也没有放弃。有一次，他偶然路过一家小茶馆，看见几个十几岁的孩子在那儿说相声，备感亲切，不由自主加入进去。从此，那家小茶馆成了他施展相声才华的舞台。几个月后，茶馆渐渐爆满，连柜台上都坐着人。虽然收入仅够糊口，但他无比欣慰：相声其实没死，还有这么多人爱听……

一年后，他邀集了几位志同道合的年轻人搭起班子，取名为北京相声大会，在剧场里开始说相声。起初他满腔热情、信心百倍，可是残酷的现实又给他浇了一盆冷水：剧场开张后几乎天天亏损——最惨的一天只卖出去一张票！

他经历了无数心酸和打击，但依然坚持着最初的梦想，从未放弃。10年后，他成功了。如今，人们想听他的相声，得提前半个月订票。他功成名就以后，每天守在后台准备采访他的记者排成长队，不少人都问过他同一个问题："这么多年一路艰辛走来，究竟是什么信念一直在支撑着您？"每当此时，他惯有的笑容忽然凝固了，一脸认真地说："瓦片尚有翻身日，何况我郭德纲！"

没错，这个当初失意的年轻人，就是现在的相声大腕儿——郭德纲。很难想象，没有忍耐到底的信念，郭德纲会坚持到今天并最终取得成就。

郭德刚的奋斗历程给了我们很大的鼓舞。我们应该相信：黑夜永远无法阻挡黎明，有太阳就一定有晨曦显露。只要下定决心、百折不挠，就能在跌倒之后爬起来，满怀信心地继续前进。只要你明确自己的人生目标，任何苦难都阻止不了成功的降临！

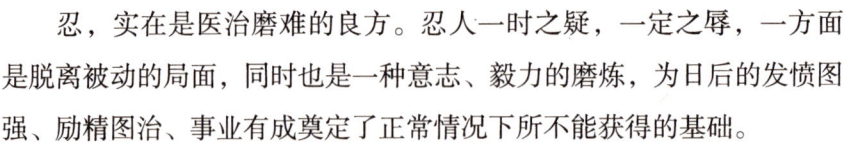

在忍耐中走向成功

忍，实在是医治磨难的良方。忍人一时之疑，一定之辱，一方面是脱离被动的局面，同时也是一种意志、毅力的磨炼，为日后的发愤图强、励精图治、事业有成奠定了正常情况下所不能获得的基础。

在现实生活中，人与人交往必然会遇到各种各样的问题，如果出现矛盾和摩擦，双方都应该承担责任，因为"一个巴掌拍不响"。所以，作为当事人都应该礼让他人，从自己身上寻找原因，做到忍让。其实忍让并不是说害怕对方，而是希望通过时间和事实来证明自己。人际交往中的忍让态度可以避免很多问题的发生，它可以消除相互之间无原

则的纠缠和不必要的争吵。

有一天歌德正在公园里散步，对面走来了一个批评家，他曾经对歌德的作品给以尖锐的批评。看到歌德走过来了，这位批评家高声喊道："我从来不给傻子让路！"歌德却答道："而我正好相反！"于是一边说着一边满面笑容地让在一旁。正是歌德忍让的态度才避免了一次无谓的争吵。歌德这样做不仅可以避免新的矛盾冲突的发生，而且对对方的不礼貌还以颜色，在缓解尴尬局面的同时也显示出了自己广阔的胸襟。

忍耐可以磨炼一个人的意志。它如熊熊烈火融化坚冰，消除很多障碍。另外，学会忍耐还会使我们有更广阔的人际交往权，结交更多的朋友，最终取得辉煌的业绩，走向成功。

忍耐可以让人更深刻地感悟人生。福楼拜曾经说过："天才，无非是长久的忍耐！努力吧！"正是因为践行了这句赠言，莫泊桑才取得了别样的成功，最终成为世界文坛的一颗名星。

那么如何才能达到"忍"的最佳境界？

首先。经常明确地意识到目标的存在，使自己为了达到这个目标，而不断提高运用头脑思考的能力。

其次，弄清楚自己所做事情的意义。当你了解到自己所做的事情是非常有意义的，你就会坚持下去，并且不断对自己进行积极的心理暗示，认为这件事情是"必须做"的，而且结果也是非常好的。这样，你就会在工作中享受乐趣，而不是感觉无奈和痛苦。如果强迫自己去做不喜欢做的事情，必然会使自己生活的不快乐，不仅精神疲劳，而且做工作没有效率。

再次，培养安于困境的习惯。当你面对困难的时候，一定不要逃避，而是要通过自己的努力找到解决问题的办法。如果在生活中，你能够忍耐其中的很多事情，必定会使自己有一种安于困境的耐力，这样可以帮助你把全部的精力放在自己的工作上。

最后，学习抑制冲动的情绪。表面上看来，控制冲动是非常不容易的,但如果冷静地分析一下,你就会发现它是非常容易做到的。然而对于那些比较强烈的冲动或欲望,你应该寻找合适的机会发泄出去,否则也是非常令人害怕的。

经常不断地作自我训练的话,很快地,我们将会在潜意识之中,很自然地进入忍的最佳境界之中。我们的人生也将大放异彩。

忍的法则不可不察

人生路上风雨多,忍是必然的。

忍让也要有一定的法则。有些事能忍,有些事不能忍。忍是一种高级的生存艺术,更是让人生走向成功的路径。

忍的法则主要有以下几点。

1. 忍小谋大

人的一生是有限的,任何人都想在这有限的时间内做一番大事业,都想成为人们敬佩的"英雄"。但是真正留下一世英名的人并不多,这是为什么呢?难道是因为其他人不够努力?当然原因除了主客观条件不同之外,心理素质也是很大一部分原因,其中最重要的就是忍让。

所谓忍小谋大,就是对于眼前的小是小非不要太在意,而是着眼于全局和未来,不能因一时一事的得失就放弃了自己的奋斗目标,要想实现大的理想和目标,必须经受住各种诱惑,只有这样,才有可能真的成大事。

2. 守本克欲

做人,要能自我把持,严守本分,分清事有可为不可为。克制自

己之私欲，方是智者之"礼"也。

《周书·苏绰传》中曾说："凡人君之身者，乃百姓之表，一国的也表不正，不可求直影；言不明，不可责射中，今君身不能自治，而望治百姓，是犹曲表而直影也；君行不能自修而欲百姓修行者，是犹无的而责射中也。"

"正人先正己"是这段话的最好注脚。我们在想要求别人廉洁、公正、无贪欲、无恶行时，应该先自省、检视一下自己的言行是否合理合法，是否达到了要求别人做到的标准。否则，"表"歪何以求"影"正？

孔子曰："一心可以事百君，百心不可以事一君。"此言虽是古代做臣子的道理，而用之今日仍可为处世待人之法。

当我们一心一意执法，一心一意待人，一心一意为公，一心一意处世时，自然能做到"威武不屈、贫贱不移、富贵不淫"，以浩然之气常驻世间。

如果说我们不能克制自己的贪念，不能把持住自己的德操，不能以公正廉洁之心对人对己，则终会被贪欲所腐蚀，入泥潭之中而不能自拔。

唐太宗曾经说过："若安天下，必须先正其身。未有身正而影曲，上治而下乱者。"

在现实生活中，无论是国家、民族，还是家庭、个人，都应该进行自我约束，只有这样才能成就大业。通过自我约束，人们可以镇定自若地处理任何事情，也不会对一些小事情在意，这样就能通过不断提高自己的素养和涵养，为自己的未来铺好道路，最终实现自己的理想和目标，走上成功之路。

3. 流水不腐

时光如流水，一去永不返。如果不自警觉，一味纵情取乐、贪图安逸，就会"少壮不努力，老大徒伤悲"，就会像秋天的落叶一般凋零，复归尘土，枉来这世上一遭。

人生，是一个不断奋斗、进取的过程，唯有珍惜时光，积极进取，方能在有限的人生中做更多的事情。

的确，人们都向往衣食无忧、享受惬意的生活，这是无可厚非的。但大家应该明白，如果对于这种安逸的生活无法自拔，必然会导致退步，它极易消磨斗志，甚而可能蜕化为社会的蛀虫，最终被社会淘汰，最终又回到了重新奋斗的原点。

4. 急流勇退

一个人在获取成功时，鼓舞斗志，激励勇气并不困难，难的是当他功成名就，显赫一时之时，从意气风发中清醒、自愿地隐退下来，从辉煌趋于平淡的那股勇气。

能忍常人之所不能忍，不仅是指忍受磨难、忍受诽谤、忍受疲乏，更是指需能忍奢侈，能忍功名、权势的诱惑。

能功成名就者肯定都是聪明人，但能急流勇退者却不仅仅是人聪明就能做到的，因为"由俭入奢易，由奢入俭难。"

急流勇退，放弃的只是一些名利等身外之物，于人于己皆无损，而得到的却是超然人品，自然之心，于人于己皆有益，何乐而不为。

追求功名也好，功成身退也罢，在别人眼中无非只是一种形式，对自己而言，一切外在的形式皆由心生，正如一个人有了肌饿的念头，才会去吃饭充饥，有了身冷的念头，才会去加衣御寒一样。急流勇退不是要求你在人生的顺境，事业的巅峰之时抛弃一切，退隐山林，它所看重的只是一种心境，一种不为物欲蒙蔽，不为名利诱惑的淡泊心境，它所需要的只是时时警惕，时时自省的清醒头脑而已。

忍的技巧不可不知

忍让作为一种人生艺术，是有其技巧存在的。

1. 外柔内刚

其实，能否做到忍让就在一念之间。忍是人的心理活动，它指的是人的心理承受度，而让是"忍"这种心理的外在表现，在人们的行为中就能体现出来。

当我们已开始拥有忍让心境后，就应该注重忍让的技巧了。

如微笑的面庞、文雅得体的举止、言语等会让人感觉特别舒服，它会让对方改变自己的态度，这样必然有助于形成一个和谐的氛围和环境。

对待同一件事情，不同的人有不同的应对方法，即使是懂得"忍让"之人，其技巧的高低，也会导致结局的好坏差异。

《菜根谭》中说："舌存常见齿亡，刚强终不胜柔弱；户朽未闻枢蠹，偏执岂能及圆融。"

牙齿较之于舌头，自然是坚硬刚强的，可是它们却经不起虫蛀菌

噬，常被腐蚀得不堪入目，直至完全脱落，而柔软的舌头虽经酸甜苦辣，却毫发无损，安然无恙。

2. 天道忌盈

对于我们人类来说，同样也不能以极端的方式来面对人生。过分的积极或过分的消极，都不是正确的人生态度；过分的刚强与过分的柔弱，也不是完美的性格。

欲取得生命的平衡，就应该做到思想与行动上的平衡，而这种平衡就是能够在理智与情感、逻辑与直觉、紧张与松弛，以及理想与现实之间寻找到一种和谐、稳定与统一。

盛极而衰，是自然的规律。

于是，人最愉悦的生存状态，当是在极权与无助、满足与贫困、傲慢与谦卑、过剩与不足之间。

于是，为了达此状态，则必须平衡内心与行为，而要保持这种平衡，则只有做到谦虚。

所谓谦虚，即虚心、谦逊而不自满。不自满方能经常保持一种"空"的状态，因此可以得到更大、更多的益处。

谦虚是人类最为美好与可贵的道德之一。尽管这种美德表现为谦卑与忍让时会给人以吃亏的感觉，但以长远的眼光来看，这种所谓的吃亏正是为了使自己在某些方面得到更大的益处而已。

常言道："有得必有失"。反之"有失亦必有所得"。

你看那温室中的花朵，虽得四季常春，却失去了傲立风霜雪雨中的坚韧；为官者得到了荣华富贵，则必然会失去山情野趣、自由之身，所谓"人在江湖，身不由己"也；潜心求学之士失去的是游玩的时间，得到的却是知识的积累，思想的升华，人格的完善。

3. 难得糊涂

聪明有大聪明与小聪明之分，糊涂亦有真糊涂与假糊涂之别。

"扬州八怪"之一的郑板桥曾说过："聪明难，糊涂也难，由聪明转入糊涂更难。"可见"糊涂"是如何的"难得"。现如今，无论是

得其精髓者也好，附庸风雅者也好，为官者也好，布衣百姓也好，郑板桥说的"难得糊涂"四字可谓是随处可见，但真正能理解其含义者却不多，也确实不容易。

当初郑板桥在为官之时，将官场、世事看得太清楚、太明白、太透彻而又无以为释之时，又因其性情刚直，不谄媚、不圆滑，而不平不公之事太多，凭一己之力却又无能为力的时候，只好在"糊涂"之中寻求通世之术。

人性本是喜直厚而恶机巧的，而胸怀大志之人为实现自己的理想、抱负，有时又不得不在不尽如人意的环境中巧施机智，既达到自己的目的，又不能为人所厌恶、警戒，故而应学会藏拙，"用晦而明"的处世方法。就像元末的朱元璋，当他率部攻占了南京以后。聪明的他听从了耆老朱升的建议，以"高筑墙、广积粮、缓称王"的策略在群雄并峙之机，不但避免了因崭露锋芒而成众矢之的，又赢得了时间，积蓄了足够的力量予以各个击破，成功地实现了暗度陈仓的计谋，坐上了皇帝的宝座。

"聪明一世，糊涂一时"说的是聪明人有时也会办蠢事。但"难得糊涂"却是说聪明人表面上愚拙，实则内心清楚明白，"糊涂"有时是不得已而为之，有时却是故意的，成为不同流合污、保全自己的人格、尊严之举。

4. 随遇而安

人无法改变这个世界，因而只有去适应它。

人与自身所处的世界在既依赖又对立中相互共存着。考卜莱斯顿在《当代哲学》中这样说道："人是一个决心实现他的许多可能性之存在，不是一个孤立的自我，而是一个必然与其他事物世界和人类世界相互关系的存在。"

对我们每一个人来说，不可改变、没有选择自由的是所处的生存环境，同时也因为我们无法也无力按照自己的愿望去改变环境。而我们有能力，有办法改变的唯有自己的处境，一种人和客观存在的关系。

改变生存方式为的是适应客观存在，即生存环境。

适应，是为了达到在存在中寻找到一个安全、宁静、祥和、淡然且自己的愿望容易实现的位置目的，因而这种适应不是妥协，媚俗，委屈自己、退让求全，也不是无原则、无气节的行为。

改变自己，适应环境的选择有许多，其中最好的莫过于让自己进入淡泊宁静的人生境界。

正如俗语所说的"既来之，则安之"一样，将自己的身心融入每一处所到之地，每一件所做之事，不避讳，不嫌弃，得好不喜，得坏不忧，平平淡淡中自我修正，自我完善。排除过去那些理不清的缠缚，卸下心理上的负担，顺时随缘的参与现实，适应现实，让自己的人生"似舞蝶与飞花共适"、"若满月偕盂水同圆"般成为真正而又自然的人生。

随缘顺事不是随波逐流，随遇而安也不是安于现状，无所事事，胆小怕事，苟且一生。

抗挫力

快步走出人生泥淖

第五章

寻找挫折下隐藏的幸福

当我们感到痛苦的时候,不要一味地怨天尤人,最明智的做法是放宽自己的心胸。因为我们的人生中,事业上遭受的打击并不见得都是坏事,关键看你怎么对待它!有时候,挫折和失败可以变成我们人生前进路上的巨大动力和精神鼓舞,让我们漠视打击,积极进取,在通往成功的路上奋力拼搏。

请挫折"上一堂课"

一位朋友谈到了他的遭遇。

在十多年前，因为信任，他借给朋友1800万元去周转。这位多年深交的好友是生意人，事业做得很大，住豪宅，开名车。只是两个月后，这位"好朋友"突然消失了，完全没有任何信息，听说为了躲债跑到美国去了。而那1800万元瞬时成了泡影。更让人感慨的是在这个庞大数字里，有800万元是他拉下脸向亲朋好友借来的。

事情发生之后，他变得很消沉，觉得人生没有希望了。他开始封闭自己，不与人交往，心中充满了怨与恨。直到他听了一场演讲，这场演讲中的一个故事才彻底改变了他的观念及接下来的人生际遇。

故事的内容是有一个人要开车回家，车子行驶在高速公路上，紧跟在一部货车的后头。货车上堆满了重物，不幸的事发生了，车顶上固定货物的绳子并没有绑牢，东西瞬间落了下来，发生了车祸。

这个人双脚因此断掉，人生的后半辈子从此将在轮椅上度过，他的心里充满了怨恨。后来这个人的老师来看他，希望他能从痛苦中解脱出来，于是问了他几个问题。

老师说："是谁选择开车上路的？"

"是我。"

"是谁选择在这个时间回家的？"

"是我。"

"回家的路有那么多条,是谁选择走这条路的?"

"是我。"

"高速公路上的车子这么多,是谁选择开在这部货车的后面的?"

年轻人低着头,若有所思地回答说:"还是我。"

"东西没有绑好,可能会落下来,这是已存在的事实,但是无论你走不走这条路,它都会掉下来造成无可挽回的结果。即使没有砸到你,它也会砸到别人,但这结果是谁造成的呢?如果你没有选择在这个时间上路、你没有选择这条路、你没有选择跟在这部货车的后面、甚至没有保持足够的安全距离,即使东西掉下来,它也不会砸到你,所以,你认为你有责任吗?"老师继续说道。

故事中的这些对话像是"棒喝"一样,深深地敲击着他。是的!是他自己决定要借这1800万元,而不是180万元或1.8万元。

老师的话使他想明白了,于是他决定负起该负的责任。此时他已经没有了怨恨,有的只是奋斗的勇气和力量。他唯一改变的就是比之前更谨慎做事。通过不断的努力,他在很短的时间内就把债务还清了,而且还找到了新的发展方向,现在他是一家知名建筑公司的董事长。

当然,任何人的一生都不可能是风平浪静的,多多少少都会遇到一些困难和挑战。但面对这些困难,我们不能怨天尤人,更不能自怨自艾,而是要找到自己的错误所在,勇于承担责任,这样就会有一个崭新的未来。

就从现在开始停止埋怨吧,你的未来从此刻起将会与众不同!

人生的道路坎坷不平,每个人都会碰到"钉子",遭遇挫折。只有勇敢面对,不抱怨,把挫折当成是磨炼意志的机遇,增长能力的契机,才能走上成功之路。不经历风雨,永远也没有资格欣赏彩虹的美丽。

挫折锻炼人更能造就人

生活的实践反复证明，人不能总是安于现状，因为一旦如此就会心生惰性。挫折能锻炼人，挫折更能造就人。

无数事实证明，困难是可以激发人的潜能的，它会促使一个人去竞争。有这样一个故事：一个作家当面对困难的时候，他没有消沉下去，反而激励他一定要取得成功，他坚信通过自己的努力一定可以成为同行人中的佼佼者。在他最初学习写作的时候，由于他没有钱，无法买一些书籍，所以就到离家很远的一家工厂的图书馆去，在那里他可以看自己想看的书。他感到生活非常充实，非常美好。正是在这种环境中，他成就了自己，最终实现了自己的理想和目标，成为中国作家协会会员之一。当时也有很多人跟他一样对写作充满了向往，但安逸的生活使他们放弃了自己的目标，竞争意识缺少了，导致了他们不会有大的作为。

其实，人们能够摆脱平庸与环境有着密切的关系。曾经有一位动物学家对生活在非洲大草原奥兰治河两岸的羚羊群进行过研究。通过研究，他发现东岸的羚羊繁殖能力比西岸的强，奔跑的速度也比西岸的快。这位动物学家对这些差别感到纳闷。在他看来，羚羊的生存环境和属类以及饲料来源都是相同的，它们应当没有任何区别。后来通过研究，他终于明白了，东岸的羚羊强健的原因是它们附近生活着一个狼群，而西岸的羚羊则没有这群对手，所以非常弱小。可见，优越的生活

环境使得羚羊变得弱小，而恶劣可怕的环境反倒给羚羊以强健。其实，这种现象在人身上也有同样的表现。

有了比较与参照才会有竞争的需要，继而树立信念，坚定目标。仔细想想，大自然的这一现象在人类社会中也同样存在着。

常常听到有人说累，其实那是如意与幸福的絮语。有句人们经常爱说的话——竞争中的人是快乐的，这又是对它的诠释。忧患和安逸同样是一种生活方式，但一个可以培育信念，一个只能播种平庸。

挫折与失败是一种挑战和考验。适度的失败与挫折，可以帮助人们驱走惰性，促使人奋进。英国哲学家培根说过："超越自然的奇迹多是在对逆境的征服中出现的。"

挫折可以使人更快、更好地成长。在成长过程中会遇到各种问题需要人去适应，然而适应的程度不同必然会导致结果不同。例如，适应能力强的人必然会感觉生活非常美好；而那些无法适应环境和问题的人，必然感觉失意。然而，结果与人自身的动机和目标也是有着非常紧密的联系的。当一个人刚来到这个世界上的时候，根本不知道任何事情，简单的就像一张"白纸"，而最终明白事情是通过他人的教育和教导，在这个过程中才学会了如何做事情，并且会根据时间、环境的不同而做出相应的反应。而那些不受约束的人，必然是无法面对困难和挫折的。如果平时缺乏这种锻炼必然也会导致不良后果。

德国天文学家开普勒的经历非常坎坷。他是个早产儿，后来被天花变成了麻子，而患猩红热又使他的双目失明。然而这些困难在他看来都不算什么，他仍然发奋图强，努力学习。然而天不遂人愿，后来他因为父亲欠债，失去了读书的机会，无奈他只能边自学边研究天文学。在后来的生活中，他又遭受了一连串的打击，但他并没有因此就放弃研究天文学，最终通过不懈的努力，在他59岁那一年发现了天体运行的三大定律。之前所有的困难对他来说都是人生前进的阻力，但他却凭借自己惊人的毅力，将阻力化为推动自己前进的动力，最终成为为众人所敬仰和敬佩的成功者。

人生难免会遇到挫折，没有经历过失败的人生不是完整的人生。巴尔扎克说："挫折和不幸，是天才的晋升之阶，信徒的洗礼之水，能人的无价之宝，弱者的无底深渊。"

生活中的失败挫折既有不可避免的一面，又有正向和负向功能；既可能使人走向成熟、取得成就，也可能破坏个人的前途。关键在于你怎样面对挫折。

其实，挫折可以增强人的意志力，对人起到很好的磨炼作用。在现实生活中，很多人由于无法接受挫折的降临，而采取极端的方式来解决。例如，很多学生在工作之前没有经历过任何事情，所以当找不到满意的工作时就会自暴自弃，最终因为无力承受困难而走上绝路。其实这为现代的家庭教育敲响了警钟。父母爱孩子没有错，但溺爱孩子就是错误的。在平时，父母应该找机会磨炼孩子的忍耐力或者是意志力，只有这样，才能真正成为自己的骄傲，也会取得令人满意的成绩。

要认识到，挫折的价值就是刺激你奋起，只有当你失去信心时，你才真的被打败了。

当我们处于逆境中的时候，应当相信我们离真理已经不远了。如果想成为一个有智慧、有头脑的人，在面对困难的时候，你应当将其作为自己学习的好机会，只有这样，我们才能临危不乱，想出解决问题的办法，最终走上成功的道路，成为生活的强者。

挫折中孕育着成功的种子

世事无常，我们每个人都可能遭遇困厄和挫折。遇见生命中不期

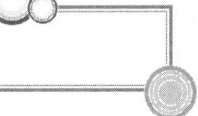

而至的困难时，我们要相信自己会有一个无可限量的未来。挫折和成功像一对孪生兄弟影影不离，每一次的挫折都可能孕育着成功的种子。

有远见的人不会为眼前的挫折而恐惧，他们在不断前进的人生中，能预见未来。因为明天的方向已留存于他的希望之中，他知道自己的人生将走向何方。

在一座山里住着一位樵夫，他砍柴的目的除了养活自己，还有一个梦想——建造一座风吹不倒、雨淋不塌的房子，以过上安居乐业的生活。于是，为了实现这个目标，他每天都比别的樵夫多砍好多的柴。

一年过去了，在他不断地辛苦建造下，终于盖起了一间可以遮风挡雨的屋子。于是，每当刮风下雨时，他再也不用担心自己居无定所了，从此过着安稳舒适的生活。

但好景不久，这种来之不易的生活并没有维持多久。有一天，他挑着砍好的木柴到城里交货，但当他黄昏回家时，却发现他的房子起火了。

左邻右舍都前来帮忙救火，但是因为傍晚的风势过于强大，根本没有办法将火扑灭。一群人只能静待一旁，眼睁睁地看着炽烈的火焰吞噬了整栋木屋。

房子烧尽，大火灭了。只见这位樵夫手里拿了一根棍子，跑进倒塌的屋里不断地翻找着。围观的邻人以为他是在翻找藏在屋里的珍贵宝物，所以都好奇地在一旁注视着他的举动。

过了半晌，樵夫终于兴奋地叫着："我找到了！我找到了！"

邻人纷纷向前一探究竟，才发现樵夫手里拎着的是一柄柴刀，根本不是什么值钱的宝物。樵夫充满自信地说："只要有这柄柴刀，我就可以再建造一个更坚固耐用的家。"

果然，樵夫还是坚持砍柴，只是这次他把柴全部卖掉，用得到的钱买些不易着火的材料建造房子。一年后，一座更坚固结实的房子又建好了。

上文中的樵夫并没有因灾难而一蹶不振，而是用那柄柴刀为自己重建了一个更加美好家园。从这个角度来说,这就是他的成功。成功的人不是从未被困难击倒过的人,而是在被困难击倒后,还能够积极地往成功之路不断迈进的人。

无论是在生活中还是工作中,我们都不要把自己禁锢在眼前的困苦中,放眼远望,当我们看到成功在未来展现出的远景时,便能抓住信念的圣火,成就辉煌的目标。

人们常说,命运的主人是自己。这就要求我们首先是自己心态的主人,我们的心态决定着我们的未来。无论心态是积极的还是消极的,我们都会把它们转化为现实世界的一部分。如果我们有贫困的念头,我们就会把贫困的想法变成现实,而如果我们有想变得富裕的想法,我们也同样会把变得富有的想法变成现实。

每次挫折都孕育着成功的种子。积极的心态对我们的人生起着不可估量的作用。人生苦短,苦尽才能甘来,随之才有潇洒的人生,才会不屈服于挫折的压力,开创大业,走向人生的辉煌。让我们直面人生的挫折和压力吧,因为它会让我们变得更加坚强,内心更加丰富。

挫折是争气的起点

如果你能始终以一种积极的心态去对待你人生中可能遇到的"逆风大浪",并对其加以合理地利用,将被动转化为主动,那么,你将成为一个争气的人,你必将迎来羡慕的目光。

在某个地方有一家很大的农户,其户主被称为耶路撒冷附近最慈善的农夫。每年拉比都会到他家访问,而每次他都毫不吝惜地捐

献财物。

这个农夫有块很大的农田,家境比较富裕。但是有一年,由于风暴来袭,他的果园没有产量,随后,一场传染病又使得他的牲畜死光了。此时,他没有了任何的收入,债主们也上门来讨债。最后,他只剩下一块小小的土地。然而,此时的他没有失魂落魄,而是镇定自若,他说:"我之前所拥有的所有东西都是神赠予的,现在他又收回去了,我无话可说。"

就在那一年,拉比还是来到了农夫的家里。看到农夫困难的生活,拉比非常同情他,也没有提让他捐献的事情。农夫太太私下里对丈夫说:"平时我们都会捐钱建学校、教堂,还给穷人和老人捐献钱,可今年咱家这种情况,实在是拿不出钱来了。"在农夫这两口子看来,既然拉比来了,就应当给他捐款,于是决定把最后剩下的那块地卖掉一半,捐献给拉比。对于他们的善心,拉比非常感激。

后来,在农夫拉牛耕地的时候,耕牛突然摔倒,农夫手忙脚乱地扶起耕牛时,却在牛脚下挖出个宝物。在他把宝物卖了之后,生活又跟以前一样了。第二年,拉比又来到了农夫家,以为农夫还是跟之前他们看到的情况一样,但没想到,他们已经不在原来的地方住了,而是搬到了新房子里。在附近人的指引下,拉比来到了农夫家,农夫把发生的所有事情都告诉了拉比,而且还总结道:"只要不吝惜财物,乐于捐献行善,它必定会倒回来的。"

这位农夫的经历告诉我们,面对挫折,绝不能害怕胆怯。去做那些你害怕的事情,挫折自然会消失。

人的一生就如同航船旅行,当然有顺风顺水的时候,也会遇到逆风大浪。顺风顺水自然不需要你做什么,但面对风浪的时候,你的态度和行动必然会影响结果。如果你是一位智者,必然能够将阻力变为动力。

人生、事业的发展也一样。如果你能始终以一种积极的心态去对待你人生中可能遇到的"逆风大浪",并对其加以合理利用,将被动转化为主动，那么，你就是人生征途上高明的舵手。

譬如说，你渴望出国深造，去学习外国先进的科学技术，但是，由于种种原因的限制，你想出国的愿望不能实现。这时，你人生的航船上就出现了"逆风"。出不了国，是不是就意味着无法学到外国先进的技术呢？答案自然是否定的，但有一个前提，就是你一定要有学习的强烈愿望。

有一个海员俱乐部的服务人员，心中一直有一个志向，就是立志要学得一手具有国际水平的烹饪艺术。但是，他却一直无缘出国。正所谓"山穷水尽疑无路，柳暗花明又一村"，在别人看来似乎没有希望的情况下，这位服务人员却找到了自己的事业发展之路。

既然就职于海员俱乐部，来这里就餐的主要是外国人，外国人中也会有这方面的专家，或者是美食家。于是，他不放过任何一个学习的机会，向外国朋友中这方面的行家里手学习，向那些美食家咨询，尽管这种学习与咨询都是零敲碎打的。菜点做好了，外国朋友也品尝过了，那么，出于礼节性的问问菜点是否可口总可以吧；如果觉得不可口，那么，怎样才能使你觉得更可口些。就这么日积月累，他学到了烹饪艺术上许多"节骨眼"上的技术知识，其烹饪的水平也日见提高。最后，他如愿以偿地成为"国际级烹饪艺术大师"，取得了人生的成功。

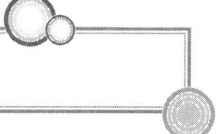

绊倒你的也许正是金块

大学生肖宇毕业后做梦都没想到自己的工作会是一家医药公司的营销员。虽然他每天都忙于工作、疲于奔波，但仍然没有什么销售业绩，最可气的是还不如那些学历没有自己高的人。于是决定辞职。辞职后，他与两位校友合伙开了一家广告策划公司。当时三个人的关系非常好，而且头脑都很灵活，但由于方案经常发生分歧，所以无法继续干下去，不仅没有赚到钱，而且还伤了彼此的友情，最后不欢而散。但怎么也不想给人打工的他还是打算单干，于是他四处借贷，独自撑起一个不大的门面，先是卖手机，接着又卖电脑耗材，结果肖宇还是失败了。

转眼间毕业5年了，商海中连连受挫的肖宇，看着昔日大学同窗在各自领域里均有不俗的业绩，不由得频频感叹自己命运不佳，枉费了自己的聪明和勤奋。

一日，肖宇见到了大学里讲哲学的老师，他谈起自己涉世之初所摔的一连串的跟头，老师笑着说："年轻人摔摔跟头也好，再说了，绊倒你的并非都是石头啊。"

"让我摔跟头的不是石头，难道还能是金块吗？"他以为老师又要用"失败是成功之母"之类的大道理来安慰他。

"凡事需得仔细思考，不能妄自断言。时间和事实会告诉你，绊倒你的也许正是金块呢。"老师依然微笑着，并送他一本书，要他回去仔细读读，认真想想。

绊倒自己的怎么会是金块呢？肖宇满腹狐疑地打开老师送他的那本智慧书，不经意地随手翻到一页读了起来，上面的一个小故事让他不禁怦然心动。

在19世纪中叶，人们在美国的科罗拉多峡谷发现了金矿。所以很多淘金者都想在这里有所收获，于是来这里的人真是蜂拥而至。同时，当时非常贫困的坎普森也想发财，从原来的农场辞职，来到了这条大谷中，想要实现自己的发财梦。

但往往天不遂人愿，在他晚上翻越一座山谷时，被一块大石头重重地绊了一个跟头，顺着山坡滚落下去，当时就摔得他鼻青脸肿，两条腿都骨折了。经过在山脚下汤姆老人家里长时间的休养，他才得以稍微活动一下。

此时的身体状况使他无力再淘金了，如果回到那个他曾经辞职的农场也是不现实的。他非常痛苦，于是找汤姆老人诉说自己心中的苦闷。随即，汤姆老人就领着他来到了他跌倒的那个山谷，他指着前方一块块淤泥堆积的滩涂，满脸自信地告诉坎普森："年轻人，这是上帝赐给你的宝物啊。这个地方土壤肥沃，即使是插上一根筷子都会发芽。"

听了老人的这句话，坎普森突然意识到了什么，既然他会全套的农活，所以种地肯定是难不倒他的。他已经明白了自己该去什么地方淘金，于是就向汤姆老人借来了种子和农具，在这片肥沃的土壤上忙活了起来。

经过春天的播种，夏天的耕耘，秋天的时候必然就是收获了。那块被无数淘金者所忽视的滩涂，已经成为了聚宝盆，粮食满地，果实累累。于是，坎普森又开垦了很多山地，最终成为了富有的农场主。

几年之后，当初的那些淘金者有着非常不同的命运：有的在这条峡谷中挖到了金子，发财梦成真了，但有的人虽然把整个峡谷掘得满目疮痍，但仍然没有任何收获，最终血本无归。但更令人可惜的是，很多人在挖宝的过程中丢失了自己的性命。

而昔日贫困的坎普森已经腰缠万贯，他坐在太阳下欣赏着自己所有的劳动成果，不禁感叹道："当年绊倒我的不是石头，而是金块，是它让我拥有了现在的一切。"

看到这里肖宇突然明白了：只有找准地方，才能挖到金子。

于是，肖宇关闭了毫无生气的店铺，找到一个安静的地方，开始了自己的文学创作之路。很快，他的书籍被出版、出售，而且非常畅销，肖宇感受到了成功的喜悦。

有一天，正当他在新华书店签名售书的时候，肖宇在人群中一眼认出了他的哲学老师，他激动地跑过去，深深地向老师鞠了一躬，说："非常感谢老师当年赠给我的那本书和您给我的赠言。"

现在我们经常说"上帝在向你关闭一扇门时，一定会给你打开另一扇窗户"这句话，事实证明，它是非常有道理的。如果现在你做什么

事情都是失败的，那么不要怨天尤人，也不要从此一蹶不振，而是要耐心总结自己失败的教训，找到自己应该努力的方向。

肖宇的经历告诉我们：所有的挫折就是暗示当事人"这条路是行不通的"，此时应做的就是转变努力的方向，只要你能及时发现这个问题，必然会取得成功。

挫折下成长的明星

现在的很多人都羡慕那些电影、电视明星，从而也期望自己能像他们一样。固然，他们有着令人羡慕的成功，但殊不知他们为此付出的努力和艰辛是一般人难以想象的。的确，漂亮的脸蛋可以帮助他们取得成功，但世界上漂亮的人多得是，因此，成为大明星的人必然有他们独特的地方，是很多人无法企及的。"台上1分钟，台下10年功"是对他们最客观的评价和褒奖。

一提到史泰龙大家都会联想到电影《第一滴血》和《敢死队》系列的震撼场面。殊不知在他成名前有相当曲折的经历。

在史泰龙高中辍学以后，最大的理想就是成为一名优秀的演员。但这对当时的他来说是非常困难的，因为一方面他不具备当演员的条件，如没有自信的脸蛋；另一方面是因为他没有经过专业的培训，更没有值得称道的天赋。所以，走这条路对他来说是非常艰难的。然而，他有着坚韧的毅力。在他看来，凡事都怕"认真"二字，只要好好努力，就一定会取得成功。

于是，他来到好莱坞，找导演，找明星，找制片人……

一切可能让他当上演员的人他都找遍了,可是没有一个人理会他。每一次他都很诚恳地说:"给我一次机会吧,我要当演员,我一定能成功!"但换回来的却是冷漠的目光和嘲讽的讥笑。

但他并不气馁,他认为失败一定有自己的原因,于是一次又一次进行自我反省,自我检讨,努力学习。后来钱花光了,史泰龙只好到好莱坞做一些笨重的体力活来维持生计。两年下来,他遭受了100多次的拒绝。

面对拒绝,他也伤心难过,但没有绝望。他决定另辟蹊径,开始创作剧本,希望通过剧本寻求一个当演员的机会。没想到,一年之后,剧本写完了,但没有导演愿意使用,即使有人好不容易答应用他的剧本了,但听说他要当男主角,导演又犹豫了,可见他受到的打击是非常大的。

但他仍然没有绝望,而是不断给自己加油、鼓劲,相信自己一定会成功的。后来一个曾经拒绝了很多次的导演对他说:"对于你的演技我不了解,但是我佩服你这种执着的精神,我可以给你一次机会,但是条件是我要把你的剧本改成电视剧,先拍一集,你来当男主角,如果效果好,我们继续,如果效果不好,你就别再梦想当演员了。"

这一刻他等了很多年,同时也做好了充足的准备,于是,当这个机会来临的时候,他成功抓住了,并且以优秀的表演征服了导演和观众,他主演电视剧的第一集就创下了当时全美国最高的收视纪录。从此,史泰龙为大家所熟知。

下面再介绍一位战胜卑微的明星——周星驰。

如今的周星驰已经是大家心目中的"星爷"。但有多少人了解他的经历呢?他曾经在茶楼当过跑堂、在电子厂当过工人。中学时期的他最大的梦想就是成为一名优秀的电影演员。当然现实与梦想的距离是非常遥远的。但上帝也会帮助认真努力的人。他终于有机会到电影剧组工作了,但却是干杂役,做一些如帮人买早点、洗杯子之类的事情,根本没有机会接触演出。

通过自己平日里出色的表现，周星驰开始在一些电影中做群众演员，或者有几句台词，或者连台词都没有，只是露个脸。如果仔细观看曾轰动一时的古装武侠连续剧《射雕英雄传》，在里面就会找到他的影子：一个无名侍卫，只出现几秒钟就死了。

由于受不到导演的重视，所以他决心转行，做儿童节目主持人。当然他也非常适合做这个行业，并获得了认可，因为他的主持风格很受孩子们喜欢。当时有一个记者写了一篇《周星驰只适合做儿童节目主持人》的报道，对他之前演过的角色品头论足，认为他能做的就是做鬼脸、瞎蹦乱跳，在演电影方面根本没有什么实力。这个报道对周星驰的打击是非常大的，他把报道贴在墙头，时刻提醒自己的处境，不断鼓励自己一定要在电影界做出点成就。于是从节目主持人又转回到了跑龙套。虽然情况没有很好的改观，但他却在时刻努力着。虽然露脸的机会很少，但他对每一次机会都倍加珍惜。在1987年，他才真正意义上参演了第一部剧集《生命之旅》，虽然还是个跑龙套的角色，但此时的他已经如展翅的雄鹰一般飞翔在属于自己的天空中。他是个传奇人物，用小人物的卑微与执着来演绎自己的一生。

因为曾经有着痛苦的经历，所以周星驰更懂得用心去珍惜每个机会，所以通过自身的不断努力，成为大众心目中的"喜剧之王"。电影界的很多人都认为他是票房的保证，事实证明，的确如此。

中央电视台曾经做过周星驰的专访节目。在节目中，他回忆了自己一路走来的辛酸经历，但是他这样说道："有人说我最辛酸的经历是扮演《射雕英雄传》里面一个被人打死的小兵，其实不是，之前还有一些更小的角色，剧名我记不清楚了，只记得当时是穿着古装，我站在后面，镜头只拍到帽子与后脑勺。那种感觉对我来说相当重要，因为我对小人物了解得更深。"

这些大明星的经历告诉我们，没有人生来就被他人安排好了一切，即使很多事情被安排好了，但一些突发事件也会让你措手不及，它会考验你的意志和毅力。所以，我们在任何时候，只有正视自己，找准

人生方向，坚持下去，必然成为很多人眼中的耀眼"明星"。

饱受磨难的李嘉诚

当李嘉诚跟随父亲李云经从潮州迁移到香港时，香港已处于英国的保护之下，但由于第二次世界大战的全面爆发，英国连自己都应接不暇，所以香港也未能长保和平。很快，日军的铁蹄便踏上了香港，香港的前景顿时一片黯然，与其他遭受战乱的地区一样，这里也出现了前所未有的经济混乱、百业萧条的局面。

英国用武力强占并割据香港之后，实行了较为开明的政策，使香港得到了稳步发展。而日本占领香港时期，却是香港最为黑暗的年代。在这种情况下，李云经挣的薪水越来越少，为了养家，他只好拼命工作。

在家庭最困难的时候，郁郁不得志的李云经由于长年劳累，再加上贫困、忧愤，染上了肺病，这无异于雪上加霜。

身为长子的李嘉诚，一边照顾父亲，一边拼命温习功课。他无法在经济上对家庭有所帮助，只希望通过自己的努力学习，取得好成绩，让生病的父亲获得一份精神上的慰藉。

确实，懂事而又好学上进的李嘉诚是李云经最大的精神寄托，他满心期待着儿子能够学有所成，出人头地。为了维持儿子的学费，李云经坚持不住院；医生开了药方，他却不去药店买药，偷偷省下药钱，供儿子继续上学。后来，李嘉诚的舅舅庄静庵实在看不下去了，才"强行"把他拖进了医院。

当时李嘉诚一家生活相当清贫，正如李嘉诚后来回忆所说："我

抗挫力

快步走出人生泥淖

们每天两顿稀粥，再加上母亲去集贸市场收集来的菜叶子，便是一天的'美食'，全家唯一的希望都寄托在父亲身上，希望他尽快把病养好，让全家渡过这一难关。可父亲的病却越来越重。"

每天一放学，李嘉诚便急匆匆赶赴医院，守护在父亲的病床前，紧握着父亲的手，向他汇报自己的成绩。此刻，父亲脸上就会洋溢出宽慰的微笑。

然而，命运无情。李云经终于没能熬过1943年那个寒冷的冬天，走完了坎坷的一生，离开了那个动荡纷乱的世界。他没有给李嘉诚留下一分钱，相反，还给李嘉诚遗下了一副家庭的重担。

李云经临终前，哽咽着对李嘉诚说："阿诚啊！我对不起你，不应该这么早就把这副重担留给你，但没办法，这个家从此就只有靠你了，你要把它维持下去啊！"

此外，李云经知道未成年的儿子未来更需要依靠亲友的帮助，同时又不希望儿子抱有太多的依赖心理，因而留下了"贫穷志不移"；"做人须有骨气"；"求人不如求己"；"吃得苦中苦，方为人上人"；"不义富且贵，于我如浮云"；"失意不灰心，得意莫忘形"；"达则兼济天下，穷则独善其身"等遗训。

对于父亲的熏陶和遗训，李嘉诚永志不忘，时刻铭记在心并伴随他奋斗的一生，使他终生受益无穷。也可以说没有这些熏陶和遗训，李嘉诚是发展不到今天这个地位的。

14岁的孩子，在普通的人家正是在父母身边撒娇的年龄，正是需要父母呵护疼爱、充满梦幻的年龄。父亲辞世，弟妹尚幼，母亲懦善，加上时局动荡，世态炎凉，这一切都促使李嘉诚过早地加入了奋斗者的行列，迈出了他稚弱的第一步。

作为长子的李嘉诚知道，父亲什么都没留下，读书是绝对没有可能了。从今以后，他必须依靠自己的双肩，挑起全家人生活的重担。

尽管舅父表示愿意资助李嘉诚完成中学学业，接济李嘉诚一家，但倔强的李嘉诚深知他现在最需要干的是什么，他铭记着父亲临终前的遗嘱及对家庭的责任感，毅然打算中止学业，谋生赚钱，养活全家人。

李嘉诚的舅父对他中止学业、谋生赚钱并没有表示异议。其实，他自己本人也是读完了私塾，10岁时便离开父母而远赴广州闯天下的。

按理说，李嘉诚尚未成年，在此特殊时期，进他舅舅的公司做工，应是顺理成章的事。但庄静庵却没有这样做，他知道只有把李嘉诚放到一个

艰苦的环境中才能磨炼出他坚强的品格和无坚不摧的意志，将来才会有出人头地的机会。在香港这样复杂的环境中，让他在自己手下干，无疑会袒护李嘉诚，从而极有可能阻碍了他的发展之路。

对于舅父这一心理，李嘉诚当然再明白不过了：他今后的生活必须靠他自己。

庄静庵似乎显得太不近人情、太无情无义了。但正是这样，才把李嘉诚逼上了独立谋生的道路，由一个地位最低的打工仔一步步走向了辉煌。从这一点上看，那时舅父的"无情"，又胜过"有情"。

在舅舅庄静庵的指引下，在残酷生计的逼迫下，年仅14岁的李嘉诚开始了他从商的第一步。

家庭的一系列变故、挫折和贫困的生活，孕育了他一股更为强烈的斗志。他要挣钱，要挣好多好多钱。这时，14岁的少年李嘉诚只有一个信念：要挣钱，养活母亲和弟妹。

从此看来，李嘉诚确实是一个争气的孩子。他通过自己艰辛的努力，不仅撑起了这个家，而且还使家业取得了惊人的发展。

命运就是这样敲门的

而对挫折，有的人手忙脚乱不知如何是好，而有的人却能够把挫折当成是人生的考验，在身处困境之中依然能够不忘记为梦想而奋斗，他们才是真正卓越的人。

贝多芬的《命运》交响曲反映了人类和命运搏斗，最终战胜命运的过程。这也是他自己人生的写照。

在第一乐章中连续出现的沉重而有力的音符。贝多芬说："命运就是这样敲门的。"

贝多芬从26岁起听力逐渐衰退。他去野外散步，再也听不见农夫的笛声了。从此，他孤独地过着聋人的生活，全部精力都用于和耳疾苦战。

唯一能带给贝多芬安慰的只有音乐。他作曲时，常把一根细木棍咬在嘴里，借以感受钢琴的振动，他用自己无法听到的声音，倾诉着对大自然的挚爱，对真理的追求，对未来的憧憬。这部《命运》交响曲就是在完全失去听觉的状态中创作的。他坚信"音乐可以使人类的精神爆发出火花"。"顽强地战斗，通过斗争去取得胜利。"这种思想贯穿了贝多芬作品的始终。

在1827年3月26日一个雷雨交加的夜晚，这位音乐巨人与世长辞，享年57岁。贝多芬一生是不平顺的，世界给他的欢乐不多，他却为人类创造了欢乐。贝多芬身体是虚弱的，但他是真正的强者。

是的，面对困境，强者从来不会怨天尤人、自暴自弃，唯有在心头点燃一根火柴，点亮人生的希望，并义无返顾地走下去。

有一架运输机，在飞越一片戈壁滩的时候，不幸遭遇了一场特大的沙尘暴，但飞机还是成功地迫降了。

飞机上只有驾驶员、设计师、导航员三人。正当大家为劫后余生欢呼的时候，却发现身处戈壁滩深处，更为要命的是：飞机严重受损，无法重新起飞；通信设备全部损坏，无法与外界取得联系。大家顿时感到死亡正在向自己一步步地逼近。为了不同的逃生方案，驾驶员和导航员发生了激烈的争吵，发展到最后竟然拳脚相向地抢起了食物和水。

在这紧要关头，一直坐在一边儿苦苦思索的设计师冲了过来，一脸兴奋地说道："你们两个不要再争了。"

"怎么，难道你有更好的逃生办法？"两个人异口同声地问他。

设计师说："我刚才大致检查了一下飞机，发现飞机的主要部件并没有损坏，只要你们两个都听我的指挥，我可以把飞机修好的！"

驾驶员和导航员立即按照设计师的话忙碌起来。为了躲避烈日炙晒，大家就白天休息晚上干活；为了节省食物和水，大家就两餐并做一餐吃。而飞机的修复工作，也在有条不紊地紧张进行着。

几天过去了，飞机还是没有修好。就在这个时候，导航员偶然发现，设计师根本就不会修理飞机，他只是在不停地重复着一些装卸工作。导航员一把抓起设计师的衣服领子生气地说："好你个骗子，在这身陷绝境的时候，你还不忘欺骗我们啊！"

"不，我没有欺骗你们！"设计师冷静地分辨着。突然，他兴奋地挥舞着手："来呀，救救我们——"

顺着设计师手指的方向望去，一队商人的驼队正在远处行走着。于是，三个人得救了。

喝着商人递过来的水，设计师开心地说："怎么样，我没有欺骗你们两个吧？"驾驶员和导航员顿时醒悟过来了。

由此可见，身陷困境固然是十分不幸的，但是比困境更加不幸的是心中没有希望。设计师善意的欺骗给同伴得以存活下去的希望，正是这束希望支撑着他们在苦难的边缘抗争。

人生难免会遇到这样那样的不幸，只要还有1%的希望，就应该付出100%的努力！请怀抱希望勇敢地面对吧。相信自己，一定可以战胜挫折！

挫折是成功的入场券

生活中，我们会遇到各种挑战、机会和挫折，这时候你能承受的能力，就是你未来的命运。成功不是一个海港，而是一次埋伏着许多危险的旅程，人生的赌注就是在这次旅程中要做个赢家，成功永远属于不怕失败的人。

有一个人自以为很博学，一次当他遇见上帝时，生气地质问道："我是个博学的人，为什么你不给我成名的机会呢？"上帝无奈地回答："你虽然博学，但样样都只尝试了一点儿，不够深入，用什么去成名呢？"

那个人相信了上帝的话，他开始苦练钢琴，后来虽然弹得一手好琴却还是没有出名。他又去问上帝："上帝啊！我已经精通了钢琴，为什么您还不给我机会让我出名呢？"

上帝摇摇头，对他说："并不是我不给你机会，而是你抓不住机会。第一次我暗中帮助你去参加钢琴比赛，你缺乏信心，第二次缺乏勇气，又怎么能怪我呢？"

听完上帝的话，那人又苦练数年，建立了自信心，并且鼓足了勇气去参加比赛。他弹得非常出色，却由于裁判的不公正而被别人占去了成名的机会。

心灰意冷的他对上帝说："上帝，这一次我已经尽力了，看来上天注定，我不会出名了。"上帝微笑着对他说："其实你已经快成功了，只需最后一跃。"

"最后一跃？"他惊奇地瞪大了双眼。

上帝点点头说："你已经得到了成功的入场券——挫折。现在你得到了它，成功便成了挫折给你的礼物。"

那个人牢牢记住了上帝的话，他终于成功了。

幸福、欢乐是阳光，不幸、失败、挫折是黑夜。人不能永远在阳光下生活，在生活中从没有失败和挫折是不现实的。挫折是成功的入场券，能使人走向成熟，取得成功，但也可以使你失去信心，让人丧失斗志。对于挫折，关键在于你怎么看待。

山里曾经住着一家猎户。父亲是个老猎手，在山里闯荡了几十年，猎获野味无数，走山路如履平地，从未出过事。然而有一天，因下雨路滑，他不小心跌落山崖。

这个老猎手被两个独生子抬回家，弥留之际，他指着墙上挂着的两根绳子，断断续续地对两个儿子说："给你们两个……一人一根……"还没说完他就咽了气。

老猎手走后，他的两个儿子继续打猎生活。然而，猎物越来越少，有时出去一天连个野兔都打不回来，两人的日子艰难地维持着。一天，弟弟与哥哥商量："咱们干点别的吧！"哥哥不同意："咱家祖祖辈辈都是打猎的，还是本本分分地干老本行吧。"

弟弟等哥哥的话说完就拿着父亲给他的那根绳子走了。他先是砍柴，用绳子捆起来背到山外换几个钱。后来他发现，山里一种漫山遍野的野花很受山外人喜欢，且价钱很高。从此，他不再砍柴，而是每天背一捆野花到山外卖。几年下来，他盖起了自己的新房子。

哥哥依旧以打猎为生，他依然住在那间破旧的老屋里。由于常常打不到猎物，生活越来越拮据，他整天愁眉苦脸，唉声叹气的。一天，弟弟来看哥哥，发现他已经用父亲留给他的那根绳子吊死在房梁上了。

如果有人给你一根绳子，让你决定自己的命运，你该怎么做？

每个人在生命中都要面对逆境这堂必修课。几乎生命中所有的问题，都与会不会挑战逆境有关。许多失败者，几乎无一例外，都是由于缺少挑战逆境的勇气，而导致放弃生命。要超越"逆境"，必先超越"逆心"。"逆心"是对所面对的处境、所发生的事情，非理性地进行抗拒、排斥的心。

德国老人班纳德，在风风雨雨的人生中共遭受了150次磨难的洗礼。他是这个世界上最倒霉的人，同时也造就了他成为世界上最坚强的人。

厄运对于他说来，接连不断。在他出生13个月时，便摔伤了后背，尔后又跌断了一只脚，再后来爬树时伤了四肢；一次骑车时，忽的一阵不知从何处而来的大风，把他吹了个人仰车翻，膝盖受了重伤；14岁时他又掉进了垃圾堆，差点窒息身亡；一次，一辆汽车失控，把他的头撞了一个大洞，血如泉涌；还有一次他在理发店中坐着，突然一辆飞驰的汽车驶了进来……

在时运最不佳的那一年中，他竟遭遇到了17次意外事故。

但是更令人惊奇的是，老人并没有被这些突如其来的厄运击倒，他依旧健康地活着，而且心中充满了自信。的确，在历经了150多次生命的磨难后，还有什么更可怕的呢？

遇到挫折，要坚强面对；遇到困难，要勇于克服。生活的磨难可以磨炼我们的意志，也可以让我们更坚强。如果能够顽强地面对坎坷，笑对人生，那么还有什么能够阻挡我们达到自己的目标呢？

看到了班纳德如此达观与顽强，谁还会去抱怨命运不公，谁还会怨天尤人呢？大自然让人们在奋斗的过程中不断成长、壮大与进步。这个过程是痛苦的经验或是深刻的体验,要视一个人的态度而定。森林中最能争夺养分的树木才能成为参天大树,久经风雨才能成为栋梁之材。在乡村,我们常常能够看到那些木材商们,在砍伐了树木后,总是将它放在露天的空地上任凭风吹雨打。因为它们受过磨难而不腐朽,就会有足够的力量承受最沉重的负担。

人生的磨难可以强化人们的精神和意志,迫使我们向前。引导我们通过逆境的考验,最终获得成功。

成功属于打不垮的人

当你似乎已经走到山穷水尽的绝境之时,成功也许离你仅一步之遥了。

很多人要是没到大难临头,往往不会发挥出他强大的实力。除非不幸的悲哀、丧家的痛苦及其他种种创痛足以打动其生命内核,不然,他内在的潜力是不会被唤起的。

如何去真正了解一个人?其实最佳时机就是他遇到困难的时候。如果面对挫折,他勇敢地去挑战,通过自己的努力找到解决问题的办法,那么他就是一个坚强的人;如果他郁郁寡欢,怨天尤人,那他就是一个胆小懦弱的人,不敢迎接挑战,这样的人是不可能有好的发展的。

从古至今,无数事实证明了,在跌倒以后,立刻站立起来,向失败夺取胜利的人必然会走上成功之路。

曾经有人问一个正在溜冰的小孩子:"你是怎样学会溜冰的呢?"他回答说:"在我每次跌倒的时候,我都会马上爬起来,然后继续练习。"当然,任何人想要取得成功,都应该有这种精神和毅力。

或许你曾经经历过很多事情，也面临着很多的痛苦和失败，但如果你抬头挺胸的继续走下去，最后必然是成功的；而如果你在困难面前低下了自己高傲的头颅，那么你现在应该还是一个失败者。而且你可能也发现了这样一个问题：当你取得成功的时候，周围充满了鲜花和掌声，但失败后却只能独自哀伤。所以，一定要做一个生活的强者。

什么才能彰显出你伟大的人格力量？最主要的是你的毅力和坚持。在平时的时候，你可以问一下自己：除了生命，你还有什么？你有多少勇气去面对失败和困难？你有什么资本？你比别人多什么？……这些问题都能使你更好地了解自己。

或许你已经失败过很多次了，而且认为任何努力都是白费的，但这种想法是非常消极的，或许你再努力一点就能取得成功。

即使你做了很多准备，但也可能最终走向了失败，这些是无法预料的。但无论怎样，有一样是可以确定的：你在努力的时候，必然积累很多的知识。这些知识是你日后成功的资本，即使现在失败了，但你总结了经验和教训，之后必然不会犯同样的错误。

所以，跌倒了并不可怕，只要勇敢地站起来继续往前走就行，只有做到这些，才有望取得成功。

从失败中站起来，最终获得成功的例子不胜枚举，如美国百货大王梅西的所作所为就让人感到敬佩。

1882年他出生于波士顿，在年轻的时候曾经当过船员，后来开了一家小杂货铺，卖些针线，但好景不长，铺子很快就倒闭了。后来又开了一家小杂货铺，结果仍然失败了。当淘金热席卷美国时，梅西在加利福尼亚开了个小饭馆，他认为给淘金者提供饭菜是肯定不赔钱的，谁知多数淘金者一无所获，无力付钱，就这样，小饭馆又倒闭了。

他只好回到马萨诸塞州。但他仍然不甘心，还是做起了生意，主要是卖布匹，没想到这次比之前的几次更惨，不仅没有挣钱，而且把所有的家产都赔进去了。但梅西仍然不死心，他又跑到新英格兰做布匹服装生意。没想到这次他真的成功了。他的店面逐步在扩大，收入逐渐在增多,梅西公司已经成为世界上最大的百货商店之一了。

另一个成功者例子是零售商詹姆士·卡什·彭尼。

彭尼出生于密苏里州。在高中毕业后就弃学了,在一家布匹服装店当小伙计,总共干了11个月就辞职了。当时彭尼的身体不好,医生劝他到户外活动活动。后来等身体好点之后,他去了科罗拉多州,当起了零售商,把所有的积蓄都投在了一家小肉铺上。

当时这家肉铺的最大主顾是当地一家旅馆。但旅馆的厨头嗜酒如命。他告诉彭尼,只要彭尼每星期日送他一瓶威士忌,他就把这个旅馆的生意包给彭尼做。年轻的彭尼当然不答应,认为这是贿赂。所以,他的肉铺就没有多少生意了,最终又是以倒闭而告终。

屡次失败之后,为了生存,彭尼到当地一家布匹服装店当店员。他以行动和言辞说服了这家店的两名店主,让他当第三名合伙人,即由他出一笔钱,加上原店的部分存货,由他单独去经营一个新店。他们答应了,彭尼开起了联营商店生意。他把自己的经验告诉店员,并且为他们提供投资的机会。

彭尼的联营商店发展到34家时,彭尼公司诞生了。如今,这家公司已拥有2400家分店。此外,他还涉足银行、信贷和电子业。

当你似乎已经走到山穷水尽的绝境的时候,成功也许离你仅一步之遥了。

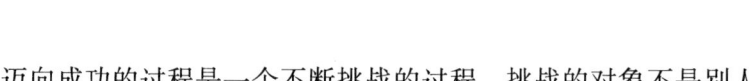

敢于向自己挑战

迈向成功的过程是一个不断挑战的过程,挑战的对象不是别人,

而是自己。有句话说"人类最大的敌人就是自己",如果可以做到挑战自己,那么在成功的道路上,还有什么可以使人退缩、惧怕呢?一个人若要成功,挑战自我是很重要的,只有敢于向自己挑战才能战胜一切。如果你没有做好挑战自我的准备,那你未来的人生路就不会那么美好。面对人生这条道路上的重重荆棘,你做好挑战自我的准备了吗?

生活不是十全十美的,命运对每个人来说也未必是公平的。青少年无论在自己的生活中遇到了什么样的困难与挫折,都应该勇敢地去面对。人必须面对生活带给我们的苦难,也必须正视自己的不足。

曾担任过7年海军部长助理的罗斯福,因为感染脊髓灰质炎而导致下肢瘫痪,只能每天坐在轮椅上,行动十分不方便。面对这一切,他决心要战胜自己,每天晚上他都偷偷地练习运动。他的母亲发现他因为练习而使身上伤痕累累时曾多次阻止,还对他说:"这样让人看见多难看啊!"罗斯福说:"我必须面对现实,面对自己的耻辱,我不需要掩盖我的丑态。"之后,罗斯福凭借着这种难得的勇气,竞选为美国第33届总统,他不仅把美国从经济大萧条中解救出来,还在第二次世界大战中为反法西斯战争做出了巨大贡献。

正因为能够正视自己的不足,罗斯福打破了美国总统连任不得超过两任的惯例,成了连任四届的美国总统。

面对不幸、耻辱,要勇于正视,生命是宝贵的,没有理由自暴自弃,更没有理由妄自菲薄。跌倒了,爬起来,失败了,重新燃起希望的火苗,继续奋斗,只有这样的人生才是最完美的人生、成功的人生。

身患高位截瘫的张海迪,只能躺在病床上靠镜子反射来看书。她因为敢于正视自己的不足,成功地学会了四国语言,还翻译了16本海外著作。

能够正确认识,勇于向自己挑战的人才能取得胜利。正视自己的成功与失败才能生出万般的力量,勇敢地面对生活中出现的不幸,随时准备挑战那些阻碍自己前进的困难,成功才会与你相伴。

青少年朋友们要挑战自己,首先要正视自己,能够正视自己这个最大的敌人，你就拥有了成就一切的力量，一旦你有了这种力量，你就拥有了成功。成功是一种信念、一种想法，成功不是属于有才华的人，而是属于主动参与的人，只要你相信自己，奇迹就一定会实现。正视自己，做一个自信的人，你就能成功。

人生中会碰到许多挑战，勇于挑战自己，这将是最大的成功。一位名人曾说："自己把自己说服了，是一种理智的胜利；自己被自己感动了，是一种心灵的升华；自己把自己征服了，是一种人生的成熟。大凡说服了、感动了、征服了自己的人，就有力量征服一切挫折、痛苦与不幸。"人生中总会经历或多或少的坎坷与挫折，在走过这些风风雨雨后，相信在心灵的原野上一定会开满顿悟的花朵。每次经历其实就是对自己的一次挑战，成功是靠自己创造出来的，每个人都具备获得成功的能力，所以想要成功，就得向自己挑战。

并不是每个人都完美无缺，人都有不同程度的缺陷，这些缺陷从某种意义上来说却是成功的动力，成功需要动力。人有了动力才有可能战胜挫折，有价值的人生就是直面这些缺陷，进而奋发向上，努力拼搏。那些在生活中遇到的困难与挫折，让我们可以清楚地看到自己力量的不足和智慧的匮乏；所以我们就要在成功的过程中，不断地向自己挑战，只有战胜了自己才有可能成就一切。

向自己挑战，需要的并不是一个人去投机取巧，也不是小聪明，而是战胜自己的信心，一旦有了这种信心，就会产生意志的力量。成功与失败最大的不同就在于意志力量的差异，人一旦有了这种意志力量，就能战胜人性中的各种弱点。当你懦弱、畏惧的时候需要勇气来战胜自己；当你懒惰的时候需要勤奋来战胜自己；当你骄傲、自满的时候需要谦虚来战胜自己；当你浮躁的时候需要宁静来战胜自己。当你有了意志的力量，你就具备了敢于挑战自己的决心，任何成功都会成为可能。

作为时代的弄潮儿，你更应该敢于挑战自己，只有敢于挑战自己的人才能成功。在挑战自己的过程中激发自己的智慧与力量，从而使自

己慢慢学会在克制与忍耐中步向成功。否则你只会被那些懦弱、畏惧、逃避打败，永远不可能成就自己，永远不可能成功。

青少年朋友们，勇敢地向自己挑战吧！只有勇于挑战自己的人才能成为一个成功的人。向自己挑战就是向人生挑战，在这个过程中你会得到更丰富的人生，它不仅可以使你终生受用，还会使你的人生更有价值。

勇敢地挑战自己，紧跟时代的步伐，你的人生会因此而丰富卓越。只有敢于挑战自己的人才能成功；只有敢于挑战自己的人生才是有价值的人生；只有敢于挑战自己的人生才是多姿多彩的人生。一个对知识有所追求的学者，更应该勇于挑战自我。

绝不向挫折低头

挫折容忍力是指个人遭遇挫折时心理的承受能力，即能忍受挫折的打击，具备良好的适应能力。只有这样，才能保持正常的心理活动，这是心理健康的标志，也是奋发图强所必须具备的重要心理素质之一。

对待挫折的态度是争气者和不争气者的分水岭。

日本一家著名企业在一次高级管理人才的公开招聘中，发生了这样一件事情：一个平素成绩优异，对未来充满自信的大学毕业生，因为未被录取而自杀了。两天后，招聘结束。当企业负责人查询电脑整理资料，意外地发现，那个自杀的应聘者其实是成绩最好的，只是由于电脑的失误，才导致他落榜。

这的确是一件令人深深为之惋惜的不幸事件。而更令人深思的，

还是那位企业负责人在真相大白后说的一段话:"我为电脑操作失误深表歉疚,为这位大学生的不幸感到惋惜。但从企业的角度,我却感谢这次事件和这场特殊的考试。我为我的公司庆幸。"这位负责人的话值得深思。不能对待挫折的人,无法胜任工作,像这个不争气的人绝不可能成为事业上的成功者。不同的态度,不同的反应,其实反映了个体之间挫折容忍力的差异。

如果一个人是生活的强者,他必然是临危不惧,面对任何困难和挫折都能镇定自若、泰然处之、冷静地分析和处理问题,并最终找到解决问题的办法的人。而那些懦弱的人必然是胆小的人,无论遇到什么事情,他们所做的就是怨天尤人、整天抱怨,而不去想解决问题的办法,这样的人不可能有大的前途和发展,只能在碌碌无为中虚度一生。

越是险恶的环境,越能使成功发展者有所表现。只有成功发展者,才能在磨难和挫折中继续生存,才有勇气去迎接困难带来的挑战,才有毅力去战胜逆境和获取新的成功。

爱荷华州的农民主要以种植马铃薯为生,每当收获的时候,他们都会把所有的马铃薯按照体积大小进行分类,然后以不同的价格出售。其实这个过程是非常耗时间和精力的。但有位农民却不这样做,但他是劳动最少、收入最多的人。很多人前去请教经验,当被问道:"你为什么从来不对马铃薯进行分类?"他的回答真是出乎人的意料:"其实根本不需要我去做。我只是把所有的马铃薯装上车,然后将车开到最崎岖的路上,经过一路的颠簸,小的马铃薯自然会滑到下面和四周去,而个头较大和体积中等的马铃薯则会自然地留在上层和中央。"的确,他的聪明才智令人佩服。然而这个道理在人身上也是非常适用的,它给予我们的启示是:当人们深处逆境的时候,更能彰显出自己的魅力和能力。

挫折是难以避免的客观现实,不如意是人生路上自我反省的一面镜子,是每一个生活在现实社会中的人必有的经历。只要有了正确的思想方法,烦恼自然就会离你而去。

跌倒了要能够站起来

在人生的战场上，从来没有常胜将军，遭遇各种挫折不可免。成功者和失败者一个非常重要的区别就是：失败者总是把挫折当成失败，使每次挫折都能够深深打击他夺取胜利的勇气；成功者则是永不言败，在一次又一次挫折面前，总是对自己说："我不是失败了，而是还没有成功。"一个暂时失利的人，如果继续努力，打算赢回来，那么他今天的失利就不是真正的失利。相反，如果他失去了再战斗的勇气，那就是真正的输了！

西方的谚语中说道：从来就没有所谓的失败，除非你不再尝试。如果在挫折面前不再尝试，那么就永远不会再有翻身的机会。相反，只要不断地尝试，那么成功就会在前面向你招手。

一个曾经取得辉煌成就的人失败得一塌糊涂的时候，他就有了再次战胜困难和展现自己的机会。只有经得住失败考验的人，才能真正地取得人生的成就，得到人们的肯定。

20世纪"中国内地十六富豪榜"中唯一靠知识致富的史玉柱，他的人生历程大起大落，但最终他还是"跌倒了能够再站起来"，重建昔日的辉煌，获得了人前的显贵。

史玉柱出生在安徽省怀远县，1984年毕业于浙江大学数学系。参加工作才两年，他被领导列入第三梯队送到深圳大学软件管理系读研究生。据说毕业后就可定为处级干部，人们都认为他官运亨通，前途无量。出乎人们意料的是，史玉柱研究生毕业后，竟然选择了辞职下海这条路。他乘飞机重返深圳，靠东挪西借的4000元钱搞起了软件开发。为了编写程序，在深圳大学冒充学生混进计算机实验室，被发现揪出来之后，他找熟人到有电脑的学校办公室继续干，别人下班他"上班"。

在与19岁的蔡玮承包了天津大学深圳电脑部后，他在这里完成了他的M—6401桌面文字处理系统。为打开市场，他孤注一掷以软件版权做抵押，在《计算机世界》上打广告。自1999年8月2日开始打出广告，至9月中旬，便销售10万元的软件。4个月后，销售额突破100万元，史玉柱大获成功。

1991年春，史玉柱在珠海成立了"巨人新技术公司"，推广他的M—6403桌面印刷系统等产品，次年销售28万套，创利润3500万元。1993年又推出M—6405汉卡、中文手写电脑、中文笔记本电脑和电脑软件的产品，利润高达36亿元。

年仅31岁的史玉柱在1993年获珠海第二届科技重奖——特等奖，市政府奖给他奥迪轿车一辆、三室一厅住房一套、奖金63万元。到了1993年7月，巨人集团的全资性的子公司已急速扩展到38个，除了计算机行业，还向生物工程、金融业、房地产业发展，成为多元化巨人。

巨人集团由于扩张速度太快，超出本身财力，到了1997年债台高筑，巨人大厦停工，公司信誉受损，债主纷纷上门。其后债务还在扩大，不久达到3亿多元，巨人集团陷入名存实亡的困境中。

深感痛苦迷惘的史玉柱四处求救，终无良方。绝望之中，他并没有放弃，他突然想到了在一家财团任资本运作总经理的何学林。何学林一直在关注巨人集团的发展情况，他曾写过一份对"巨人现象"的研究报告，发表在一家公开发行的杂志上，该文曾一度引起轰动。当时史玉柱也注意到了何学林，希望他能为巨人集团搞一些创意策划。

1997年10月，何学林接到史玉柱的求助信后，便飞赴珠海。他给史玉柱提出了不少好的建议，其中包括找财团收购巨人集团这一关键问题。此前乐百氏集团老总何伯权曾有意收购巨人，但史玉柱开出了"天

价",让对方无法接受。

史玉柱丧失了这次转危为安的机会,只有走自我发展东山再起的路。干什么更容易东山再起呢?何学林的建议是:进军保健品市场,做脑黄金,以此为突破口,让企业进入良性循环。对何学林的建议,史玉柱百思不得其解。因为保健品已让史玉柱亏了大本,现在在这方面已经付出了上亿元的学费。

经过再三考虑,最终史玉柱还是接受了何学林的这一建议,以保健品做突破口,收拾"残部"再战。他从一个朋友处获得50万元资助,在上海成立了健特公司,接着又在珠海注册了康奇公司和士安公司。他为掩人耳目,省却债权人追债的烦扰,这些公司的法人代表都由别人当,他只当"策划总监",私下再与这些"法人"签订协议,他才是幕后真正的老板。

史玉柱卧薪尝胆,将保健品推陈出新,由过去生产的"脑黄金"改为生产"脑白金"。新产品"脑白金"问世后,他听从了何学林等人的建议,通过大规模的、密集性的广告攻势,在宣传上先声夺人。"今年过节不收礼,收礼只收脑白金",这句广告词让全国人民耳熟能详,也让"脑白金"名声大振。

有了强大的广告攻势,"脑白金"获得了极大成功,2000年销售额高达13亿元,超过了巨人的鼎盛时期。从巨人倒下,到巨人重新站起,只花了短短的三四年时间。

通向成功的道路上,当你面临大大小小的各种失败的时候,如果你能承受住打击,你就会有大的出息,跌倒后,勇敢地爬起来,你就有成功的可能!

第六章

自我修炼，打造刚毅人生

此时此刻的你或许正处于逆境之中，面对着各种各样的困难，如升学的失败、恋爱的不幸、病残的袭击、自尊心受损、自信心丧失、失望苦闷……但是，请你记住：这不代表你处于绝境中，即使在你看来是绝境，但也请记住「绝处逢生」这个词，只要你能勇敢地面对困难和挫折，必然会找到解决问题的办法，最终走向光明和成功。

修炼一：困境"逃生术"

日本著名企业家松下幸之助曾经以云朵的变化来比喻人的心和命运的变化。在日常生活中，我们都会有这样的感触：人的心情不断改变，所以令人难以捉摸。而人的命运也是无法预测的，正如"月有阴晴圆缺，人有旦夕祸福"。所以对待任何问题都应该客观，从自身找原因，而不能整天怨天尤人，不断抱怨，否则是没有好的出路的。

在人生旅途中，不时穿越崇山峻岭般的起起伏伏，时而风吹雨打、困顿难行；时而雨过天晴，鸟语花香。无论如何，都要永怀希望，振作精神，克服困难，继续奔向前程。在你的前方，总是孕育着人生的新希望。

无论是在学习、工作，还是在生活中，如果你遇到了困难，在勇敢面对困难，寻求解决办法的同时，也应该坚信自己一定会渡过难关，迎来光明的前途，相信自己的实力，不断对自己进行积极的心理暗示。

由于生活中的挫折和困难是五花八门的，没有一种魔法能够应付所有的困难。但是，以下几点常识性的建议是有益的。

1. 不回避问题

遇到任何问题的时候，都不能躲避。因为所有的困难和挑战不会因为你的躲避而消失。你应该勇敢地面对。当你勇于承担的时候，你内心就会爆发出强大的力量，促使你迎难而上，急中生智，找到解决问题的办法，最终顺利渡过难关。那个时候你就会发现，任何困难有的只是令人害怕的外表，当你找到它自身存在的弱点和缺陷的时候，很多问题都会迎刃而解。

2. 正视自己

在遇到问题的时候，很多人追根溯源，发现原来自己是罪魁祸首。美国著名的人际关系大师戴尔·卡耐基曾经为一些因工作而烦恼的人出谋划策。通过长时间的观察，他发现这些人都是由于道德上的过失而深感内疚，从而削弱了他们的判断力，最终导致自身的能力无法展现出来。的确，很多人正处于困境中，然而想要摆脱困境首先应该做的就是充分地认识自己，只有这样，才能更容易地打倒困难。

3. 采取行动

行动是自信心的伟大缔造者。缺少行动不仅是畏惧的结果，而且也是畏惧的原因。采取行动也许你能获得成功，也许结果不尽如人意，但是它总比坐以待毙好得多。

4. 不要害怕寻求帮助

在很多人看来，遇到困难或者是挫折是非常丢人的事情，所以往往想办法将其掩盖起来。当很多知道这件事情的人想要帮助他的时候，他会说："这是我个人的问题，应当由我自己处理。"其实这种做法是非常错误的。在现实生活中，没有人是不需要他人帮助的，当面对苦难或者是问题的时候，我们的力量是非常有限的，即使有能力解决问题，也不可能做到尽善尽美，一定会存在缺憾的。例如，当我们生病的时候，或许我们身体有很强的抵抗力，但鲜有那种不治病就好了的人，所以还是要求助于医生；当你有法律问题的时候，是要求助于律师的……这些问题都是非常普通和普遍的。所以，在遇到问题的时候，如果别人有能力帮助你，你可以向他们求救。如果他们自愿伸出援助之手，你应当欣然接受。

另外，在接受他人帮助的时候千万不能挑三拣四，认为只有专家才能帮助你，这种观念是错误的。事实上，没有谁一定比别人优秀，即使是有这样的迹象，也可能只是表面的。所以，无论谁想帮助你，你都

不能从各方面来衡量，否则，那种行为是非常愚蠢的。

一位美国作家在遭受严重的个人打击之后，认为自己再也不能写作了。他把这一切都告诉了他的一个朋友，并且加上一句："不用劝我，我已经没有希望了。"

那个朋友说："那好，我不劝你，但我要给你说说我曾经读过的关于诗的一些事情，诗歌是密尔顿成为盲人之后所见到的。"

朋友的一席话启发了他，于是他重新回到了打字机旁。最终，在写作的道路上，他获得了成功。

5. 不要对困难"一见钟情"

很多人都喜欢跟困难"交朋友"。第一次见到困难的时候，他还会像对待"陌生人"一样对它敬而远之，可能的话再反驳它一下，但久而久之，当见面的次数多了之后，他就跟困难交了朋友，不仅对它不会产生抗拒，而且对自己所处的环境安之若素，这是非常可怕的。威廉·詹姆斯曾说过："天才的实质就在于知道该忽视哪些东西。"其实这其中的道理也适用于我们对待困难的态度。无论何时，你应该对困难持排斥的态度，而且还要想方设法克服它们。

有人问演员瓦尔特·汉普顿，英语中哪个句子他认为是最难忘的，他从古老的黑人圣歌中摘引出一句话："谁也不知道我所见到过的

困难!光荣啊,哈利洛亚!"

在这句话里闪烁着夺目的光彩。他们承认人生是充满痛楚、忧伤和苦难的;但是他们却勇往直前,欢呼雀跃——最后两个词回响着他们神圣的信念,人的精神力量能使他们战胜忧伤。

这就是遇到困难时我们应当记取的。因为对我们所有的人来说,困难是一定会出现的。但是,我们也要认识到,只要我们坚持努力,就没有克服不了的困难。

修炼二:挫折之后,迅速崛起

逆境之中更要坚强。陷入逆境就是考验坚强的时候到了。战胜逆境后,你会发现,你已经变得更加坚强了。

微软电脑公司的比尔·盖茨常有失败之举。他喜欢雇用曾经有过失误的人。"那表示他们敢于冒险,"他说,"从那些人怎样应付出了错的事,可以看出他们会怎样应变。"

为什么有些人失败后能重振雄风,而有些人则一蹶不振?怎样才能在经历过挫折之后,迅速崛起呢?下面几点经验可供参考:

1. 设想下一次赢得重大胜利

富有传奇色彩的达拉斯小牛队前任教练吉米·约翰逊懂得怎样应付失败。1985年他在达拉斯的第一个赛季,记录是1胜15败——比起他最初在一所中学任防守教练时的0比10成绩,丢脸程度只稍微好一点。"我们的球队是美国全国足球联盟最差的一队",约翰逊承认,"不过我的目标是打入超级杯决赛。"

约翰逊获得过工业心理学学位，有着积极的处世态度。他对人的心理有着独特的研究，在参加比赛的时候，他会告诉任前卫的球员"要护好球"而不是说"别大意"。同时，他也会用"杀出重围"替代"别漏失了这个球"。他所做的永远是关注下一场比赛，而且琢磨如何才能取胜。在他看来，这样做可以使他们把之前的失败忘得一干二净。在大家的努力之下，小牛队终于在1993年和1994年赢得了超级杯决赛权。

面对失败，不同的人会有不同的态度，那些没有闯劲儿的人就会失魂落魄，认为自己走上了绝路，但那些适应能力强、不屈不挠的人却仍充满信心。宾州大学心理学教授马丁·塞力曼曾经对30种不同行业雇员的表现进行研究，得出的结论是：能够重新振作起来的都是乐观的人，他们认为自己一定会取得成功的；而悲观的人通常不能东山再起，他们认为自己会一败涂地。

2. 勇于冒险犯难

在1984年，西吉奥·齐曼被可口可乐公司任命负责扭转可口可乐对百事可乐的劣势。当时他想的办法就是改变可口可乐的配方，取名为"新可乐"，并进行大肆宣传。但他犯了一个极大的错误，那就是虽然在推销新可乐，但旧可乐没有得到一个更好的营销方法，最终没有取得很好的效果。很多人对他的失败进行了总结，但大多数人觉得是因为他太自信了，所以才走向了失败。

新可乐才销售79天，旧配方的可口可乐就重回超级市场。齐曼大受打击，一年后离开可口可乐公司。在一年多的时间里，他没有跟可口可乐公司的任何人打过交道，虽然很寂寞，但也没有办法，因为他要找到自己的出路。在这段时间里，他跟社会上的很多人来往，最后找准机会跟人合伙开了间顾问公司，虽然条件非常艰苦，但他还是坚持了下来，因为他相信只要敢于打破传统，勇于冒险，一定会取得成功的。

后来，甚至于可口可乐公司也来咨询他的意见，齐曼说："我做梦也想不到可口可乐公司会找我回去。"管理层告诉他，他们需要人帮助整顿业务。可口可乐总裁罗伯图·戈雪艾特说："我们一向不容许职员

犯错误。因此逐渐失去了竞争能力。一个人只在行动时才可能跌倒。"

3. 定下具体目标

在1960年,简·莱斯利是世界十大网球高手之一。"我的目标不是要成为世界冠军,而是要在温布顿中央球场上比赛。"这个高大结实的丹麦网球名将说,"我每次练球,都会想象自己在温布顿打球,嗅到草地的气息,听到观众的喝彩声。"1969年,莱斯利终于进入中央球场比赛。

20年后莱斯利成为施贵宝公司的董事长,后来公司与必治妥施贵宝公司合并,莱斯利被挤出局。他花了1年时间在普林斯顿大学修读宗教和哲学课程,但从未放弃要做总裁的目标。1994年,莱斯利终于实现了自己的理想。

4. 竭尽所能去做

历克·米勒很早就知道,世事不能尽如人意。他在破碎家庭中长大,父亲经常酗酒。

到1989年,米勒已成为行业内顶尖人物,极负盛名,以擅长逆转公司颓势著称。他应聘挽救王安电脑公司免于破产。可是该公司的问题比他所想象的困难得多。王安公司业务始终不振,米勒只好承认失败。为了挽救公司,他向当局申请重组,并售出公司的制造业务,然后自己辞职。王安公司比起以往规模只剩空壳,但能够赚钱,米勒已无所憾。

童年逆境确实有助于使人适应环境和败后复兴。成功人士视失败如青春期——尴尬,不自在,但却是迈向成熟的经历。

后来,米勒成为了美国电话电报公司的最高财务管理人。此机构的总裁罗伯特·雅伦和他首次会面时便告诉他:"我认为你在王安公司的经验是非常有利的条件。"在美国电话电报公司,米勒曾问那些担心失败的年轻职员能否"对着镜子说:'我已竭尽所能。'要是能够的话,不论结果如何,都是成功"。

5. 随时面对风浪

伯尼·马库斯是新泽西州一个俄裔家具匠的儿子。他的朋友阿瑟

·布兰克在纽约市皇后区中下阶层地区长大，小时候与不良少年为伍；15岁时他父亲去世。布兰克曾这样说道："我在成长过程中形成一个观念：生命是难免有狂风骤雨的。"

1978年，他和马库斯一起在洛杉矶一家五金零售店工作，遭新雇主解雇。第二天，一名从事投资的朋友建议他们自己创业。他们发现"这个主意并不狂妄"。

马库斯和布兰克开始经营一家他们以前觉得难以应付的商店——规模庞大，装潢朴实，服务优良，货品齐全。后来，他们的家庭用品公司成为了家庭用品业中效益增长最快的公司之一。

马库斯每次与其他企业家会面，总会问："你一生中可曾有过感到绝望的时候？"他说："我曾经与50个成就骄人的企业家讨论这个问题。其中有40个人经历过这样的性格培养过程。"

修炼三：情绪掌控术

下面的几个关键的步骤仅花费几秒的时间就能够在控制情绪和爆发怒火之间造成不同的结果。这些步骤能够帮助你冷静下来。

（1）放慢你的呼吸频率，温和的说话，做一个深呼吸并放松。

（2）了解你的情感。你是否感到难堪、被冒犯、受惊吓或感到迷惑？要知道是哪些特定的环境导致你情绪失去控制。例如，当你为如期完成任务而冲刺时，你可能变得烦躁不堪。

（3）了解导致你生气的真正原因。你是否因为被无辜地指责做了某事而感到难过？

1. 准备一套方案以应对生气的人

准备一套方案来应对把你作为出气筒的人。该方案是一个行动计划。如果你有一个应对计划，你就会较容易地控制情绪。一旦你感到心情平静，你就能使用UART模式。UART系统是一种用来对付发怒者的有效方法。

U　Understand（理解）

A　Apologize（道歉）

R　Resolvethe Problem（解决问题）

T　Takea Break（休息一会儿）

（1）理解。认真而冷静地倾听，让发怒的人谈出他的感受。用你自己的话复述一遍你认为生气的人想说的内容。

（2）道歉。大多数发怒的人认为他们受到了不公正对待。他们在接到诚挚的道歉后，怒气会小一些。

（3）解决问题。竭尽所能解决问题。如果你不能马上解决，请解释你能够做什么以及将在什么时候彻底解决这个问题。大多数时候，人们的火气会在这种交谈中消失掉。如果他们仍在生气，而你已经开始感到你的情绪正在失去控制，这时请你采取下一个步骤。

（4）休息一会儿。你如果感觉到下面一种或多种情况即将发生，就是到了该休息的时候了：

①情绪变得危险。

②你将要说出一些令你后悔的话。

③对方开始喊叫，脸胀得通红。

④你无论说什么或做什么都没有用。

⑤你或对方的情感正失去控制。

休息的时间可以从5分钟到24小时不等，地点可在任何地方。你可以这样说："我需要几分钟来确认一些事。我们彼此都花几分钟时间再想一想。我们可以15分钟以后再谈吗？"

当遇到不可避免的情况发生时，高情商的人会积极地面对否定他的人。如果你在生活中以积极和客观的方式对待一个否定你的人，你将帮助他明白，其行为是如何影响别人以及他自己的事业成功的。事先准备一套办法会使这种面对更有效。这套办法应该包括对此人行为的客观描述，并真诚地解释他的行为是怎样影响你的情绪的。

2. 可行的应对方案

设想哲日米是一个否定者而且是你项目团队中的一员。他经常抱怨什么都不如人意。对任何改进措施都大挑毛病。他对工作非常不满意，并且他的态度影响了团队的其他成员。

（1）给你自己一个积极的信条。

例如，"我能与哲日米谈论他的消极态度及其对我的影响。"

（2）客观地描述哲日米的行为。

例如，"当我们提出一个解决办法时，你说它为什么不会有用。"

（3）描述他的消极态度怎样影响你。

例如，"我感到苦恼，因为我们没有把足够的时间花在怎样让项目运转起来上。相反，我们把时间用在了分析解决方案的错误上。"

（4）如果这个人的消极行为没有改变，告诉他你准备做什么。

例如，"如果你继续这样做，我就让你知道我的感受。而且，我会在没有你参与的情况下完成任务。"

（5）遵守你的承诺。

如果压力持续了较长的时间，人的身体将在体力、精神和情绪方面变得精疲力尽。长期的压力会干扰大脑的注意力和逻辑性。这使得你更加难以应对生气的同事、沮丧的客户和总在发号施令的上司。当你身心健康的时候，积聚你的个人能量，你可以有效地处理各种压力。

能量源在你的大脑中创造出产生良好感觉的化学物质。这些化学物质使你情绪高涨，让你感觉良好。

（1）能量源之一——锻炼。

锻炼可以增加你的心跳和呼吸的频率，可以使你出汗。许多健康专家建议每天活动20~40分钟，每周活动3~5次。即使活动量很小也是

有帮助的,并且活动随着年龄的增长日趋重要。一个有效的活动计划可能是每周有五次,每次半个小时轻松的散步。

(2)能量源之二——大笑。

幽默感对你和别人都是重要的。你是否因看戏剧、电影或听笑话而捧腹大笑?捧腹大笑可以增加心跳、加速呼吸、增加大脑中的分泌激素。注意不要拿别人取乐,但是要和他们一起从每天的事件里寻找快乐。

(3)能量源之三——关心。

关心是与别人积极的情绪接触。积极的情绪接触包括给予或接受支持、鼓励以及帮助别人。给予的爱和关怀会在大脑中形成产生好感觉的化学物质,使给予者和接受者都从中获益。

情绪智力是指能够理解自己的情感,对他人的感情感同身受的能力以及为了改善自己的生活控制情绪的能力。情绪智力涉及很多内容,但主要包括5个方面:

(1)自我知觉:能够了解自己的心情、情绪、需要及对他人所产生影响的能力。自我知觉还包括利用直觉做出能够使自己快乐生活的决定的能力。

(2)自制:能够控制冲动,排除焦虑,将气愤情绪控制在合理范围内的能力。自我控制能力高的人在事态没有按照计划发展的时候能够有效控制过度发脾气的行为,进而避免造成不必要的损失。情绪自控能力差的人往往不能成就事业。

(3)自我激励:能够发现工作的乐趣,还有不仅是为了金钱和地位而工作的能力。自我激励能力往往包括良好的恢复能力、持久的生活热情、坚韧不拔的毅力以及乐观的精神。

(4)移情:能够对他人非语言表达的情绪做出反馈的能力,也指根据他人的情绪反应做出相应反馈的能力。移情之所以重要是因为工作中有许多情况需要对他人的情绪做出恰当的反应。

(5)社会技能:能够有效建立人际关系网络,管理人际关系,并且营造良好人际关系的能力。

虽然有许多项目旨在帮助人们提高自己的情绪智力,但是越早发展这种能力对个人的发展越好。因为情绪智力形成和发展的重要阶段是儿童时期,当然人们在成年后也可以学习如何提高自己的情绪智力。对于青少年来说,虽然我们已失去了儿童这一宝贵的情绪智力发展时期,但"亡羊补牢,犹未为晚",只要采取积极有效的方法,相信个人的情绪智力会有较大提高。

对那些能够表明你生活中感到威胁的领域,我们把它们称为"情绪香蕉"。这一观点产生于亚洲一些偏远地区捕捉猴子的一种普遍使用的方法。为了捕捉到猴子,猎人在丛林的地面上绑上一个小柳条笼子。笼子的口很小,仅仅允许猴子空着手伸进去并抽出来。猎人在笼子里放上一两根香蕉,当猴子看见时,就会把手伸进去攫取香蕉。但是,当它手上拿着香蕉时,它的手就抽不出来了,于是它就很容易被猎人捕获。人没有什么不同——我们死死地抓住我们的"情绪香蕉"不肯松手,因为我们感到失去了它们就会有威胁。"情绪香蕉"常见的内容包括:对身份地位的渴望;对他人的爱和尊重的渴望;对控制欲的需要;对得到别人承认的渴望。

修炼四:自我激励

无论面对什么样的困难、身处什么样的逆境,一定要找到一个支撑自己走下去的点。给自己希望,才能消除失望。要不断对自己进行积极的心理暗示,认为自己是最棒的,这样就能不断激励自己,最终有所收获,走向成功。

当然，激励对一个人起着非常重要的作用，它可以激发人的内在潜力，使人变得更加坚强，使人更有自信。因此，自我激励是战胜困难的必备要素。所以，当我们面对困难的时候，一定要不断鼓励自己，这样我们就会坚持下来，直到把困难消除。

人应该学会激励自己。激励让人在黑暗中找到了光明；激励自己，让自己勇敢地面对困难。激励是我们前进的守护神，它给了我们无穷的力量和信心，让我们勇敢地面对困难。

下面是几种自我激励的方法：

1. 为自己设定目标

设定目标对于激励非常重要。你可以为自己设定年度目标、月度目标、本周目标、当天目标，甚至是早晨目标和下午目标。比如，"在中午以前我要处理完所有的电子邮件，并且为如何提高本部门的安全水平提出建议。"制定更为长期的目标，或者是人生目标，可以帮助你获得动力，推动自己达到更高的成就。但是，长期的目标必须辅以一系列相匹配的、具体的短期目标才能发挥作用。

2. 寻找能够获得内部激励的工作

学习有关内部激励的内容，再结合对自己的认真思考，你应该可以识别出你认为可以为你提供内部激励的工作。下一步，就是找到能够充分激励你的工作。比如，你可以从自己过去的经历中找到足够的证据说明与他人密切交往可以对你有所激励，那么你就可以为自己找一个较小的、友善的团队去工作。

但有时候由于受到各种条件的限制，你对于工作没有太多的选择权，那么就设法尝试对工作的具体内容尽可能做些改变，以得到你希望得到的回报。如果你觉得解决问题会让你兴奋不已，而你85%的工作都是例行的，那么你就可以试着养成良好的习惯，尽快把例行的工作做完，用剩下更多的时间去做工作中富有创造性的部分。

3. 获取工作绩效的反馈

一个人如果没有办法得到有关自己绩效的反馈，无论是主观的还

是客观的，那么他将很难一直保持高昂的斗志。即便你的工作非常令人兴奋，你也同样需要反馈。包装设计工作本身就非常吸引人，但是包装设计人员也非常喜欢自己的设计成果被展示出来，因为这能够说明"你的设计足够好，可以被别人欣赏"。

4. 对自己运用行为矫正技巧

为了运用行为矫正技巧很好地激励自己，你首先要确定需要得到激励的行为是什么（比如，在周六的晚上工作两小时）。然后，你要找到适合自己的奖惩措施，运用奖励措施来正向强化。

5. 提高与目标相关的技能

根据期望理论。只有当你觉得自己有把握完成一件事情的时候，你才会努力去做。而想要提高自己对于成功的主观预期，一个切实可行的方法就是提高自己完成任务所需的技能，这样你就提高了自我效能。对于成功的预期高了，自信心足了，激励作用也就变强了。

6. 提高自我期望水平

对自己的期望高，往往会取得更好的结果。因为你觉得自己能成功，那么你真的会成功。这种期望的自我实现效果已经由实验得到证明。要培养较高的自我期望以及积极的人生态度需要长期的过程，然而，这对于在各种环境中有效激励自己非常重要。

7. 热爱工作

有效激励自我的另一个方法是热爱工作。如果你坚信大多数的工作是有价值的，而且努力工作让人愉快，那么你就会受到很大的激励。让一个不怎么热爱工作的人转变对于工作的看法并不是一件容易的事情，但是如果他反复认真思考工作的重要性，并且向正确的榜样学习，那么他对于工作的看法变得更积极也不是不可能的。低微，别人所拥有的种种幸福，是不属于自己的，以为他们是不配享有的。这种自卑自贱的观念，往往成为不求上进、自甘堕落的主要原因。

修炼五：乐观心态

乐观的人无论在什么时候，都感到光明、美丽和快乐的生活就在身边。他们眼睛里流露出来的光彩使整个世界都流光溢彩。在这种光彩之下，寒冷会变成温暖，痛苦也会减轻。

具有乐观心态的人，他们的特点是把眼光盯在未来的希望上，把烦恼抛在脑后。培养乐观、豁达的性格，将会让一个人终生有益，那么，乐观心态该如何培养呢？

1. 承认现实

有时，人们变得焦躁不安是由于碰到自己所无法控制的局面。此时，你应承认现实，然后设法创造条件，使之向着有利的方向转化。此外，还可以把关注点转移到别的事情上，诸如回忆一段令人愉快的往事。

2. 不要太挑剔

挑剔就是一种苛刻，挑剔的人看不惯社会上的一切，希望人世间的一切都符合自己的理想模式，这当然不可能。与其整天挑剔别人，弄得自己愁容满面，不如抱一颗宽容的心看世界，要知道只要心宽容了，天地自然就会宽广。

3. 学会适时屈服

当你遇到重创时，往往变得浮躁、悲观。但是，浮躁、悲观是无济于事的。你不如冷静地承认发生的一切，放弃生活中已成为你负担的东西，终止不能达到目的的活动，并重新设计新的生活。能屈能伸才能活得自由，只要不是原则问题，我们又何必太固执。

4. 学会微笑

微笑是世界上最美的表情。面对一个微笑着的人，我们能感觉到他的自信、友好，同时这种自信和友好也会感染我们，使我们也生出友好来，从而让彼此的关系更加亲密起来。恰如有人说的那样，微笑就是人际关系的润滑剂。

5. 学会感恩

感恩与快乐紧密联系。一个懂得感恩的人更容易体会到生活的乐趣。心理学研究表明，把自己感激的事物说出来或者写出来能够提高一个人的快乐感。生活中，我们可以感激的很多，感激自己健康地活着，感激自己是自由的，感激自己还有一个美好的未来，感激过去他人赠予你的一切。一个人可感激的越多，他就越快乐。

6. 与乐观者为伍

尽可能选择生活在积极的氛围下，选择积极乐观的朋友。避免受到不良情绪的感染，是保持乐观心态的一个重要方法。

7. 做事之前，先列个清单

很多时候，我们被工作或者一些事情缠绕的焦头烂额，事实上，事情或许并不大也并不麻烦，我们之所以忙得不可开交，很重要的一个原因是我们对自己所做的没有一个明确的计划，因此，在做事之前，用5分钟时间把该做的事情列个清单，这样你就会感到一切尽在掌握之中。

8. 大声宣布：今天是我的日子

列出5件你喜欢但很少有时间做的事，例如，买件漂亮的衣服、看场好电影、听优美的音乐、选一本喜欢的书、坐在麦当劳里喝着咖啡听着音乐……

乐观是一种积极的人生态度。拥有乐观心态的人对任何人或事总是抱着乐观的态度，即使遇到困难和挫折，他也会认为这是一件好事，

这样的人生当然常常会有意外的惊喜。

修炼六：自我补偿

如今，在日益激烈的社会竞争中，心理失衡的现象时有发生。例如，很多人在高考落榜之后就会觉得自己受到了天大的委屈，老天对自己不公平，内心就会集聚着各种消极的情绪，导致心理失去平衡。然而，当内心中的消极情绪越来越多的时候，人的心胸就会越来越狭窄，看到什么事情都觉得不顺眼。此时就会出现各种暴戾、轻率、偏颇和愚蠢等难以自抑的行为。虽然这些行为帮助人宣泄了这些不良情绪，但往往导致不良后果的发生。

这时我们需要的是"心理补偿"。纵观古今中外的强者，其成功之秘诀就包括善于调节心理的失衡状态，通过心理补偿逐渐恢复平衡，直至增加建设性的心理能量。

为了更好的了解人，曾经有人打了一个颇为形象的比喻：人好似一架天平，左边是心理补偿功能，右边是消极情绪和心理压力。如果你能通过自己的努力加重补偿功能的砝码，就容易达到心理平衡，此时，你也会有更多的时间和精力，它可以帮助你们完成很多任务，让你有充分的时间和能力去享受，因为这是你应得的。

那么，应该如何去加重自己心理补偿的砝码呢？

1. 要有正确的自我评价

随着人们的自我评价与需求的满足状态的不断变化，情绪也会发生各种各样的变化。因此，在任何时候，人都要学会正确评价自己。

通过观察，我们可以发现很多青少年经常处于闷闷不乐的状态，主要原因就是自我评价得不到肯定，某些需求得不到满足，此时未能进行必要的反思，调整自我与客观之间的距离。在这种情况下，他们产生厌世情绪，严重的话还会走上绝路。所以，青少年拥有正确评价自己的能力是非常重要的。在制定目标的时候，一定要符合自己的能力和客观实际，在达不到自己的目标的时候，要劝告自己还需要更大的努力，一定要努力过有活力的生活，这才是年轻人的本色。如果产生了遗憾，也不要自暴自弃，要相信正因为有了遗憾，人们才会更加努力，人生才充满了活力，否则，生命就像一口枯井，没有新鲜的源泉注入，这才是真正的遗憾。

为了能有自知之明，常常需要正确地对待他人的评价。因此，经常与别人交流思想，依靠友人的帮助，是求得心理补偿的有效手段。

其次，我们应该明白任何困难和苦恼的到来都是不可预测的，也是不可避免的，它有必然性。人都是感性动物，都有自己的情绪，如果遇到事情无动于衷，那就不正常了。然而也不能有过度的、夸张的情绪，例如，喜欢抱屈、发牢骚、到处辩解、诉苦，虽然表明上看来能使人摆脱痛苦，但是不理智的表现，不仅于事无补，反而可能延误了解决问题的最佳时间，因此最明智的做法就是勇于承认现实，既不幻想挫折和苦恼会突然消失，也不追悔当初该如何如何，而是想到不顺心的事别人也常遇到，并非是老天跟你过不去。这样就会减轻自己的压力，在平静之时，对问题深入分析，找到"缺口"，最终找到解决问题的办法。

2. 要适当用点"精神胜利法"

在挫折面前用所谓"阿Q精神"，有助于我们在逆境中进行心理补偿。例如，实验失败了，要想到失败乃成功之母；若被人误解或诽谤，不妨想想"在骂声中成长"的道理。

3. 自我宽慰不等于放任自流和为错误辩解

一个真正的达观者，往往是对自己的缺点和错误最无情的批判者，是敢于严格要求自己的进取者，是乐于向自我挑战的人。

修炼七：心境提高术

1. 感情心境

（1）在没有经过细致周到的考虑之前，永远不要屈服于一时的心软。

（2）在生成某种情感的过程之中，一定要确保自己完全没有错误的欲念、恐惧、厌恶、偏见、嫉妒、愤怒、报复、神经紊乱、精神沮丧、先入为主的成见和偏颇的观点。

（3）无论何时何地，都不要让一时冲动的感情突然爆发。

（4）让情感随时处于积极、兴奋而理智的状态，要对它加以很好的控制。

2. 精力心境

（1）尽全力寻找机会来强化下定决心的意识。

（2）努力让自己保持一种坚决、全神贯注的精神状态。

（3）无论出现何种情况，一定要牢牢控制好自己的精力。

（4）如果没有做到深思熟虑，也没有找到充分而有说服力的理由，就不要让精力突然爆发。

（5）所有的活动都要投入大量精力。

（6）把精力用于实现生活的长远目标。

3. 决断的心境

（1）如果没有对所有的事情事先做出决断，就一定要深思熟虑。

（2）培养决断能力，从各种各样的小事开始。

（3）不断努力去减少做出决断所需要的时间，做任何事情要尽可能迅速。

（4）一旦做出决定，就不要拖延，马上着手做已经决定了的事情。

（5）一定要把决断和精力联系起来。

4. 持之以恒的心境

（1）做事要考虑代价。

（2）不断在内心对自己重复所做出的决定。

（3）永远也不要长时间地顾虑可能出现的困难。

（4）使目标保持在触手可及的范围。

（5）在努力的过程中，保持精力充沛。决定就像不停敲击的斧头，钉子一定会被牢牢地钉下去。

（6）把每一步或每个阶段本身看作目标。以行动做出回答，事情就已经完成了。

5. 领会与推理的心境

（1）要知道在做这件事情时需要面临什么样的问题。

（2）要知道失败意味着什么。

（3）要知道成功意味着什么。

（4）了解自己的弱点。

（5）了解自己的优点。

（6）对如何开展要做的事要一清二楚。

（7）详细了解一件事情的来龙去脉，并且要有充分的理由。

6. 正直的心境

（1）保持对自己的信任。

（2）保持对别人的信任。

（3）诚实对待自己，而且要绝对地诚实。

（4）绝不允许自己做出自欺欺人的判断。

（5）无论在何种情况下，总是设身处地地为别人着想。

（6）考虑所有的传统道德。

（7）不要因为它是旧的就放弃。

（8）不要因为它是新的就无条件地认可。

（9）不要急于给任何问题下结论。

（10）尽可能多地寻找解决问题的方法。

（1）尽可能充分地利用现有的办法。

（12）认同自己善良的直觉反应。

（13）用实践来检验自己的看法。

（14）如果你的行为是善良而明智的，即使出于一时冲动，也不要害怕。

（15）问题的关键在于要热爱真理。

（16）总是积极、主动地发现问题，并以同样的热忱担负起责任。

修炼八：意志力提高

"这个世界上最坚强的人是孤独地只靠自己站着的人。"易卜生说这句话时也许忽略了人需要别人的扶助这一点，但他却讲出了一个真理：每一位强者都是自己主宰自己的人。当然，每一位强者也都是自己做自己意志的铸造师。因此，每一位青少年朋友应该当仁不让，做自己意志的铸造师，每一位教师和家长也应该帮助青少年朋友学会做自己意志的铸造师。

意志铸造师的工作程序应该是怎样的呢？

第一步：自我认知。

我是怎样的一个人？这种对自我的认知是青少年发展的一个重要人生课题。当一个人在不能确认自己的情况下，他所进行的活动与实践往往是盲目的、无效的，意志锻炼也就无从谈起。

我国古代有一个笑话：一个解差押着一个犯罪的和尚上路，唯恐自己在途中遗失什么东西，便想了一个窍门，把随身所带的"东西"编一句顺口溜来记："包裹、雨伞、枷、文书、和尚、我。"晚上住店时，和尚把解差灌得大醉，趁机给解差剃了个光头，戴上枷，然后逃之夭夭。解差醒来，照例背着顺口溜清点"东西"。样样都在怎么少了个和尚？他大吃一惊，着急之下一摸自己的脑袋，光光的，于是转惊为喜："谢天谢地，幸好和尚还在！"但转眼之间又困惑不解了："那么，'我'在哪里呢？"

笑话当不得真，但它却告诉我们，现实生活中的确有人有时会找不到自己或认不清自己；正确认识自己，的确是一件很困难的事情。

早在两千多年前，古希腊帕尔纳索斯山南坡有一组石造的建筑物——著名的戴尔波伊神庙，它的入口处矗立着一座石碑，上面刻着一行醒目的大字以告诫后人："认识你自己！"卢梭盛赞这一碑铭，说它"比伦理学家们的一切巨著都更为重要，更为深奥"。

心理学的研究表明，人生到了青少年时期进入了探索和确立真正自我的阶段。青少年心中有两个自我：一个是现实的我，一个是理想的我。由于两个自我的冲突，在对自己的认知上出现了肯定与否定交织在一起的矛盾期，自我认知常常出现混乱。就是说，青少年对自我的认知是更为困难的一件事。但是，人应该努力去认识自我，青少年也在自觉地认识自我。要做自己意志的铸造师，只有对现实的自我意志特点有较准确的把握，才能更好地铸造自己的意志。

怎样认识自己现实的意志特点呢？

可以综合运用如下的心理学方法：一是通过自我观察来认识自己的意志特点，心理学上也叫"内省法"。可以用本书中对意志的分析作为参照，来反省自己的意志特点。二是通过自我测评来认识自己的意志

特点。三是通过与他人的比较来认识自己的意志特点。四是通过他人的评价来认识自己的意志特点。五是通过自我比较来认识自己的意志特点。也就是把现在的"我"与过去的"我"以及未来的"我"相比较。

第二步：自我规划。

认识了自己的意志特点，就可以进行意志锻炼的自我规划了。但有一个问题要首先解决好，那就是对自己身上的不完美的意志特点要敢于承认和接受。巴斯卡说："人，不但与别人各异，有时候甚至跟原来的自己也迥然不同。"正是因为现实的意志特点不完美，才需要发展完善，以便铸造理想的意志品质。

所谓规划，主要是规划意志自我锻炼的目标方向，也就是明确培养自己具有怎样的意志品质。至于具体的规划内容，就是要切合自己的实际，目标既不要过低也不要盲目攀高。青少年朋友容易出现的是盲目攀高。自己本来意志较为薄弱，一旦自我规划，就不顾自己的实际，盲目地与意志坚强的典范人物攀比，是不利于意志自我培养的。一则寓言说：有只青蛙看到一头牛，觉得它身材高大魁梧，自己的个子却只有鸡蛋般大，于是既嫉妒又羡慕。为了长得大如牛，青蛙摆开架势，憋住气，拼命把肚子往外鼓，最后却"啪"的一下爆腔破肚。青少年朋友在规划意志培养的目标时应引以为戒。

第三步：自我磨炼。

对自己现实的意志特点有了较准确的认识，又据以制定了意志自我培养的规划，接下来就是实际的意志自我磨炼了。

自我磨炼意志有哪些方法呢？下面介绍的三种意志培养方法，适用于意志的自我磨炼。

一是从日常小事做起。在青少年朋友中常有一种看法，认为只有

通过非凡的境遇和伟大的斗争，才能培养坚强的意志。其实并不尽然。坚强意志的培养完全可以从日常最平凡的活动开始。比如平时在家庭和学校中，习惯于有规律的生活制度，哪怕就是按时起床这么一件小事，对意志锻炼也有不可估量的作用。再如，平时不放过每一个小小的困难，哪怕就是困倦了也要坚持记一篇两百字左右的日记这样的小事，对意志也是一种磨炼。就是平凡的日常生活中这一点一点的小事，逐渐地磨炼出生活的强者。

二是找准效仿的榜样。在意志的自我磨炼中，榜样的作用始终占有特殊的重要地位。榜样从哪里来？古今中外的意志典范，文艺作品中的优秀人物，现实生活中的强者形象，都是可效仿的榜样。而自己同龄人中的榜样更好，因为这样的榜样与自己的心理距离小，心理障碍小，亲切真实，容易接受。坚强意志的榜样作用在于用以对照自己，检查自己，督促自己。从这个角度看，名人名言，格言警句，也有同样的作用。青少年是需要榜样的年龄，但是，寻找榜样不能混同于偶像崇拜。偶像崇拜总是难免盲目性，说不定会把鲁莽当英雄。

三是坚定自信。青少年对意志坚强的典范是崇拜的，自己也向往成为意志坚强的人，然而不少人又对自己缺乏信心：我能成为他那样的人吗？"一个人不是生下来就是他现在这样的，而是逐渐地成为他现在这样的。"你听，爱尔维修说得多么明确：强者和弱者之间没有千里鸿沟，强者并不是高不可攀的，我们每个人都可以成为生活的强者，关键是要有把自己磨炼为强者的自信。车尔尼雪夫斯基的话没有丝毫的夸张：要有自信，然后全力以赴——假如具有这种观念，任何事情十之八九是可以成功的。青少年时期是一个人意志品质可塑性最大的时期，这时候，人的各种意志特点还远没有稳定成型，最好自觉磨炼铸造，需要的是以自信做磨炼意志的动力。青少年朋友，坚定自信吧，每个人都可以把自己铸造成强者。

修炼九：拜逆境为师

"逆境"是最为严厉、最为崇高的老师，它用最严格的方式教育出最杰出的人物。人要获得深邃的思想，或者要取得巨大的成功，就要善于从艰难穷困中摒弃浅薄。不要害怕苦难，不要鄙夷不幸。往往不幸的生活造就的人，才会深刻、严谨、坚忍并且执着。

每一个人的成长道路都不是一帆风顺的。真正杰出的人物，总是能突破逆境，崛起于寒微。艰难的环境既能毁灭人，也能造就人；不过，它毁灭的是庸夫，而造就的往往是伟人！

想要成为胜利者，必须学习如何在困厄中向前迈进。当困难或危机来临时，你如果下定决心渡过难关，那你就会找到一条解决问题的新途径。

下面的练习列出了几个重点，当危机发生时，它将帮助你渡过难关；平常它也可以成为你迈向成功的指标。

如果你想渡过难关（或更恰当地处理今天所遇到的事情），你可以将下列胜利者的技巧，纳入日常生活中。

1. 当挫折越多时，越需要更加努力

太早放弃只会增加问题。面对挫折，继续前进，加倍努力，下定决心渡过难关，坚定信念，直到成功为止。

2. 实际

实际地评估你的危机。如果你否认情况的严重性，你就不可能好

好地准备去改变它。

3. 不要退缩

尽你所能地去做，不要担心精力耗竭。胜利者工作繁重，但他们还要做得更多，他们从不考虑疲劳或辛苦的问题。

4. 追随预兆

当你想要有所成就时，听听你的理智和直觉吧！反抗亲人或朋友所给你的压力，坚信自己的立场。无论对或错，只有时间才是最好的裁判。

5. 和生气打交道

当不幸的状况把你逼入困境时，生气是一种正常反应。这时候，你就必须了解生气会增加困难，你虽然有权利生气，但是现在你却必须先花时间来处理问题。

6. 一次一小步

在一次主要的危机或是严重的事情发生时，一次只能承担一件事，直到你的感情恢复正常为止。不要想做超人或想把事情一次解决，选择一件当下可以处理的事，好好地去做。每一次少量成功的经验，都会使你的精力逐渐增加，并增进你肯定的人生观。

7. 让别人来安慰你

无论好或坏，失败者总是不停地抱怨。因为这种否定的人生观，当危机真的来临时，很少有人会相信或安慰他们。但若你是个肯定而且能妥善处理日常生活的人，在遇到困难时，一定要让别人知道你心中的恐惧，给别人一个可以安慰你的机会！你值得别人给你支持，而且你的要求也是自然的。

8. 不断尝试

解决危机的方法并不是很简单就找得到的，但是只要你不停地试验、不停地尝试新方法，无论成功的比例多么低，你总会找到的。

9. 将负债转为资产

睁大眼睛，保持警觉性，机会很可能就在危险或困厄之中。不要将注意力集中在不幸的事件上，而要去找寻希望。即使在最悲惨的时

刻，一个充满希望的意念，也会带领你走向新机遇。

一位伟人说过："并不是每一次不幸都是灾难，早年的逆境通常是一种幸运。与困难作斗争不仅磨砺了我们的人生，也为日后更为激烈的竞争准备了丰富的经验。"高尔基也曾说过："苦难是最好的大学。"

修炼十：摆脱失落感

失落感常常是困扰许多人的主要烦恼之一。美国一位高级女工程师这样叙述了自己的感受。

"近来，我被一种莫名其妙的情绪笼罩着，我徒劳地想摆脱出来，可悲的是我连这种情绪是怎么回事都未弄清楚……

"世上万物仿佛一只大网直扣下来，渺小的自我只有在大网之下做着莫名其妙的挣扎和寻找。

"大学毕业后，我就在现在的单位就职，周围的人因这职位和环境而羡慕我的机遇，我的幸运，我的一帆风顺。

"但是生活并非如人们想象的那么轻松愉快。在春风得意的背后，深深的精神危机围绕着我，无论繁忙还是悠闲，内心深处总被一种难以遏制的渴望灼痛着，使我无法安宁。

"人们会问：你究竟有何不适？你还想得到什么？我无言以对，然而那种感觉却日复一日年复一年地滋长着……"

这就是失落的现实表现！

这种感觉是被社会遗忘的空虚和茫然，是身属其位，却又不知自己在生活的哪一个坐标上，心中只有无限的怅惘。

一般地说，一个人产生失落的原因主要有以下两点：

（1）不适应角色的转变。一个人在失去原来已习惯担任的角色时，很容易产生失落感。比如，一个青年学生在学校生活久了，大学毕业之后必须参加工作。但离开久已默契和合拍的"象牙塔式"的生活之后，便很难在尘世的喧哗中找到自己的角色位置，虽然勉强地找到了工作，但未必是适合自己心意的。

（2）理想与现实相差太远。个人在生活中找不到适合自己的位置时，便会有一种被生活遗弃的感觉，以为自己是个"多余的人"。失业青年的失落感大多是由此引起的。

另有一些年轻人，总以为自己眼前的工作不适合自己，对文秘不感兴趣，以为自己可做个部门经理，而实际上他又无什么专长，这样高不成低不就的状态，只能让他由一个公司跳到另一个公司。最后自己也感慨自己是："心比天高，命如纸薄"。

有位哲人说，期望越高失望越深。此语颇有道理。

假想一下，当你对生活抱着那种美梦般的幻想时，在想象的世界里，你是个至高无上的国王或王子；你期望拥有一份舒适的工作，最好是某大公司的总裁之职；你期望有一个美丽的妻子，一个幸福的家庭，儿子可爱，女儿美丽，且都聪颖过人……总之，你期望一切都美好。

可实际情况又是怎样呢？现实生活走来时，过高的、超出了自己实际能力的期望，如美丽的肥皂泡一样轻易地破碎了，于是失落因此而生成。而那些太多且不合理的期望，是一种没有正确、理智地估计自己的原因。

那么，该怎样对付失落呢？

（1）奋斗使人产生充实感。

失落感是因为个人在社会生活中失却了位置，个人的价值找不到实现的方式。要想改变它，不妨证明自己对社会是有用的。

进攻是最好的防守，也是最佳的突破方式。奋斗能让你显示自己的能量。它将是你突破失落的最佳方式。

奋斗着的人们，遇到什么样的挫折和失败都不会感到空虚。

如果内心有失落感的人，退回心灵的深处，以便构建防御之事，那么这种退缩的最后结果定是可悲的徒劳。

因此，在失落之后，将心灵之帆扬起，重新冲向生活海洋，在冲击中寻找充实。

曾经有一位著名作家说："既然寂寞是与人常相伴的，那么就不要期望寂寞能够消除；既然想要通向自由的王国，必须要解放精神，那么，对于任何事情都不要大惊小怪，而是客观地对待它们。人类就是在寂寞与充实的轮回中前进的。当面对寂寞的时候，如果不被寂寞打败，而是积极面对，那么寂寞也会成为人前进的动力。然而，想要克服寂寞，那么就行动起来吧。认真地对待每件事情，而且在选定了自己的方向之后一定要坚持下去。"

在人的一生中，会有很多的收获，如收获亲情、友情和爱情，否则人的生命就像一口枯井，没有任何的活力。当你在喧嚣的城市中生活着的时候，不免会有这样的感触：其实寂寞也是非常好的，它可以让你冷静地分析问题，进而解决问题。

挪威科学家南森说过："人生至要之事是发现自己，所以有必要偶尔与寂寞为伴，与沉思为伍。"

寂寞难耐，寂寞美好。惟其难耐，才显出它的美好。勇猛之人，可以战胜困难；坚毅之人，可以战胜挫折；睿智之人，才能战胜寂寞。你要意识到寂寞总会来，又总会过去，不但不因寂寞影响你向前赶路，反而凭借着它的翅膀飞越崇山峻岭，你就稍稍自觉了。

（2）积极扮演自己的角色。

失落者是一种角色的错位。也许你现在担任的角色并不是最适合的，不是一个理想的角色。但不管怎样，对目前的角色都要积极地扮演。

积极扮演角色会使自己感到充实。因为任何一个角色都是组织中一个不可缺少的环节，积极扮演就会体现出它的主要作用，个人的价值也会因此得以实现。而且，只有积极扮演角色，才可能发现自己的才能，才能找到更适合自己的位置。

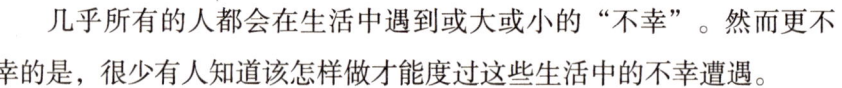

修炼十一：战胜不幸遭遇

几乎所有的人都会在生活中遇到或大或小的"不幸"。然而更不幸的是，很少有人知道该怎样做才能度过这些生活中的不幸遭遇。

悲痛常常被人们误解，一些人不知道克服痛苦需要时间，具体时间的长短取决于所受损失的具体情况。

爱人病逝或婚姻逐渐恶化，这些所引起的悲痛都是在预料中的。遭此不幸者的悲痛历程在爱人实际离去以前很久便开始了，而爱人离去后情绪的骚乱却只有几个星期或几个月。

如果悲剧发生在人的意料之外，使人没有任何准备的时候，这种痛苦是伤心欲绝的，而且也会持续很长的时间。例如，突如其来的车祸，无论是死亡者还是幸存者，这对他们来说都是既定的事实，但也是无力挽回的，幸存的人只能活在阴影中，而死亡人的家属则永远的活在了痛苦中。另外，我们需要强调的是，悲痛不是一种心理疾病，只有很少的时候才是这样。当你失眠、焦虑、恐惧、愤怒、身心被自我和悲哀的思想所占据的时候，你就会感觉痛苦，这是正常现象。

在悲痛的最初阶段，人们常常徘徊于镇静或哀伤之间，人们不相信所发生的事情并感到迷惑。渐渐地，抑郁、悲痛占据了心胸，而这将影响一个人今后的生活。

一切都会成为悲剧的提醒物，丧失了配偶的人，会注意每一对手拉着手的夫妇。幸福的人仿佛到处都是，被孤立的感觉更加强烈了。假如一个女人不幸流产了，那么，她可能感觉街上的每个小孩都像是在和她说话。

悲伤的人们考虑自己超过考虑任何别的事情。他们会躲避一些熟悉的朋友和地方，直到随着时间的流逝，他们对那些痛苦的提醒物变得不再那么敏感。

人们需要以各自不同的方式度过不幸时期。下面的几点建议可供借鉴：

1. 从事一些能够排解悲痛的活动

事实证明，当处于痛苦中时，向朋友诉说可以缓解自己的悲痛。如果将自己关在一个封闭的状态中，你会更加痛苦。友情是医治伤口的良药，同样也是帮助你摆脱困境的巨大力量。如果这些仍然无法排解你的痛苦，你可以去做你喜欢的事情，可以去看自己之前喜欢的电视剧或者是电影，这样可以稍微转移一下注意力，使自己的痛苦得到排解或者缓解。通过各种努力，你一定会从阴影中走出来，最终恢复到正常的生活状态。

2. 强迫自己有规律地做些事

如果你不想出门，那就给自己列个清单，几点干什么事情，如果不想做，也要强迫自己必须按清单上所写的来进行。另外，也可以做一些零碎的小的事情，如逛街、做家务、出去散步……这些都是非常有用的。另外，也可以去做一些轻松的事情，如听音乐会，通过自己的逼迫，必然会使生活回到正轨。

在不幸时期，一些自我照顾行为同样是很有帮助的。临睡前洗个热水澡；把餐桌布置得漂亮些，既使一个人吃饭时也这样；天气好时在外边晒晒太阳；买一束鲜花……这些小事都会使你觉得轻松愉快些。

3. 把目光放在未来

有些时候，能够使我们生活下去的只是一种美好的期望。作为纳粹集中营的囚犯，维克多·福兰克的经历是十分令人激动和鼓舞的，福兰克的家人都在一次大屠杀中被杀害了，然而，他仍然找到了支撑自己活下去的力量。

当法西斯暴行施加到他身上时，福兰克坚定地抱着一个理想，这一理想给了他力量。他想象自己在战后站在一个班级学生的面前，正在给学生们讲述关于在不幸中能够发现的意义。福兰克决定忍受令人恐怖的一切，而这些将来会变成很有价值的东西。

罗伯特·哈罗德·卡什诺在他的畅销书《当不幸降临到善良的人们》一书中告诫我们：我们不应该总是把眼光落在过去和痛苦上。不应该总是自问"为什么不幸偏偏降到我头上"，代替这话的应是面向未来的问题——"既然这一切已经发生，我应该做些什么？"

修炼十二：振作精神

每个人都有失意、受挫的时候。在失意中，你是否懂得反省自己的过失失败，重新站立起来，或者是一路消沉下去？记住：要从失败中吸取经验，振作精神，发奋图强，一切还得靠自己，没人能帮得了你。下面是专家总结的几项使人振作的方法。

1. 强调自己的优点

如果你对自己的优点还不了解，那么就花点时间去了解吧。在发掘自己优点的时候，可以用笔记录下来，如果想要更清晰地了解，可以进行分类，如个人专长所在、已做过什么有益或有建设性的事、过去什么人如何称赞过自己、家人朋友对自己的关怀、受过的教育……这样你就会对自己了如指掌，看到纸张上自己密密麻麻的优点，你会坚信自己是非常优秀的。

2. 读一些励志故事，找出值得效法的楷模

励志故事中有许多值得我们敬仰的人，他们可以是富兰克林、爱迪生，也可以是林肯、华盛顿……不管是谁，他们一定有值得学习之处，他们也一定用过功，受过挫折、付出过代价，最终取得了令人瞩目的成就。和他们比起来，目前自己的一时失败，又算得了什么？

3. 发掘自己的"成功记录"

每天晚上可以回想一下这一天有哪些事情是你完成得比较好的。同时，也可以找出你自己满意的一些事情或者是取得进步的事情。但对于失败的事情，绝对不能以不切实际的幻想为标准。成功的事情可以包括认真完成了老师布置的作业、没有写错字、交通没阻塞……这样你就会发现自己还是非常有能力的，这些事实会不断鼓舞着你，促使你不但前进。

另外，还要检讨一下自己有哪些事情做得不好或者是没有完成。当你明确了自己的目标之后，你会感觉过的特别充实，另外，你也会有前进的方向和动力。即使有事情做得不够好，但要相信你会通过一点点的进步来克服这些苦难的，千万不要对自己要求过于苛刻。

4. 培养某方面兴趣

在自己的优点、专长、兴趣中，找一样（刚开始时，一样就够了）来加以特别培养、发展，使之成为自己的专长。虽然还不是专家，但在小圈子中，一提到某件事，大家都公认非你莫属了。专长不必如弹钢琴、杂技表演那么高深莫测，可以简单至做蛋糕、剪头发、游泳、看星星、辨识动物……什么都可以。有了专长，就有机会做主角；做主角自然神采飞扬！

5. 发挥自己的外在美,与人和睦相处

发挥自己的外在美。所谓:"人靠衣装"。衣固然指衣着,也指打扮,不必是名牌,但一定要不落伍、清洁、光鲜、明亮、合身。要做到这些,必须做得出众、大方。尤其在自己情绪低落时,更要穿得鲜艳明丽些,还得加上简单的化妆及新剪的发型,这样不但自己的坏心情会因打扮而分散注意力,心情也生动活泼些。

使自己招人喜欢,受人欢迎,使他们感觉跟自己做朋友十分有趣。要使自己受欢迎,就要花些时间。如要多阅读,对一般事物有认识。否则,人家讲什么话题都不知所云。同时,又要关心别人,要"好相处"。有朋友,便有支持、有鼓励,一定能振作精神。

修炼十三:建立自信

"这个世界上,没有人能够使你倒下。如果你自己的信念还站立的话。"这是著名的黑人领袖马丁·路德·金的名言。

美国社会学家曾作过一项深入地研究。在这项研究中,调查的对象主要是《美国名人录》中1500名有突出成就的人的态度和特性,当然这些名单都是随机抽取的。《美国名人录》在收录名人时的主要标准和条件不是财富,也不是社会地位,而是目前在某一领域中的成就。通过对他们的研究发现,他们虽然在不同的领域取得了不同的成功,但有一点是非常相似的,那就是他们都有着很强的自信心。

最富有成就的人就是依靠他们自己的自信、智慧和能力取得成功的。对于这点,被调查者的77%给他们自己的评价是A级。

何谓自信心？它不在于你的感觉怎样，也不在于你是如何优秀，而在于你是否有采取明确的行动来使生活中的问题得到解决的才智。当然，这个自信心包括独立的意志力和制定目标的能力，这在人的日常生活中起着非常重要的作用。

那么该怎样建立自信心呢？以下是心理学家总结的建立自信的七个步骤。不论你现有的自信度如何，只要循此步骤去做，你就会增加自信心去面对生活中的每个挑战。

1. 告诉自己：一定要实现目标

在现实生活中，很多人只善于设立目标，但不擅长实现目标。在设定目标之后，由于缺乏自信，他们久久不采取行动，最终使理想变成了空想。英国哲学家罗素曾经说过："一般人都是设定目标之后认为自己办不成，所以就不实践了。当听到他们高喊口号的时候，不必抱太大希望。"因为，他们只是鼓吹者，而不是实践者。

无论你在哪里工作或者是在接受什么阶段的教育，一定要保持认真、坚持的态度，只有这样，你才能成为一个成功的人。

当你确定目标之后，一定要相信通过自己的努力可以达成目标。这种信念对于理想的实现起着关键的作用。如果做什么事情，你都半途而废，那么你必然不是一个好员工，也不是一个好学生。

为了做到这一点，不妨试试花一天的时间全力沉浸在工作中。

人们常说："唯有贯注于自己的工作才会产生希望。"的确，只有信心，工作才会有希望。当你把所有的精力都放在自己的工作上时，你一定可以得到一个满意的结果。而这个结果也会增加你的自信心。

有的人或许这样说："一天有什么用啊？也不会有什么效果。"其实怎么说都是没用的，关键是实践出真知，大家可以尝试一下，你会发现，很多时候，一天也会成为一个人的转折点，会给人带来意想不到的收获。

2. 要有最好的准备

一位著名的英国学者说："事实上我是一举成功的，但我花了20年

的时间才得'一举'。"带来成功和自信的重要源泉之一，即为凡事做好万全准备的预先工作。

例如，如果你是一名售货员，在向别人推销商品的时候，一定要保持自信的微笑。另外，最重要的事情是提前做好准备，无论在任何场合见面，都可提供给对方特别的东西，以及提供让对方接受的方法。除此之外，为了使对方感觉自己是诚心的，那么对于一些话题和表达方式都应该提前想好，这样就会节约时间，给别人留下好的印象。

一个名叫狄摩西尼的年轻人，向一群古希腊的领袖演讲。当他步上讲台后，他的声音微弱结巴，态度畏缩，思想混乱。当他说完之后，听众嘘声四起，把他轰下台去。但狄摩西尼并不气馁。

"今后我绝不做没准备的演讲！"他对自己发誓。他大声对着爱琴海演讲来训练声音；他在晃动的剑下练习演讲，以训练勇气；他把小石子含在口中，来消除口吃。

在下次集会中演讲时，他发出了另一种声音——声调铿锵，感情真挚动人。

3. 重心放在你最大的长处上

无论做什么事情，我们应该把重心放在我们擅长的地方。那些生活的智者和强者都会找到适合自己的路去走，而不是什么都想尝试，因为这样不仅会浪费时间，更会浪费精力，什么事情都做不好。

而那些失败者无论做什么事情，都没有定性，而是随波逐流，最终一事无成。

或许取得过成功的人都会有这样的感觉：当你集中精神在你能表现最好的事情上时，你会觉得自信心增强。通过观察拳王，人们认为：拳王之所以每次都能击败对手是因为他认为自己是最厉害的，所以表现出的战斗力也让对手感到害怕。

而在现实生活中，很多人都可以做好很多事情。例如，林肯不仅可以成为一位伟大的律师，也可以成为一名出色的政治家。但他更倾向于后者，因为在他看来，政治领域更适合他，所以是我们学习的榜样。

4. 培养信心

一位成功人士说过："处于现今这个时代，如果说'做不到'，你将经常站在失败的一边。"在生活中，一定要努力自信起来。你可以列出一张你的胜利和成功的清单。当你想到自己已完成的事时，你对能做的事会更有信心。只有失败者才会将注意力集中在失败和缺点上。

麦克阿瑟在西点军校入学考试的前一晚紧张之至。母亲对他说："如果你不紧张，就会考取。你一定要相信自己，否则没人会相信你。要有自信，要自立。即使你没通过，但你知道自己已全力以赴了。"发榜后，麦克阿瑟名列第一。

当你相信自己能做出最好的成绩时，你不仅会发现自信心提高，而且发现自信会有助于你的表现。

5. 放弃逃避的念头

流传着这样一句话："如果你放弃了尝试，那就意味着你真的失败了。"在生活中缺乏自信的人，往往是胆小的人，在面对困难的时候畏畏缩缩，不敢采取任何行动，最终在平凡中度过一生。

其实，大量事实证明，困难并不可怕。他如同我们的对手，你弱它就强，你强它就弱。所以要做强者，将困难打跑。

因此，所有的困难都不是我们所想的那么恐怖。所以，只要你够勇敢、够努力、够坚持，所有的困难和挫折都会害怕你。

分析恐怖，就是克服恐怖的第一步。下面的几个问题请向自己发问，并切实回答：

我到底在害怕什么？如果我采取行动，它会被克服吗？我害怕的东西是现实存在的吗？

或许，当你真的选择面对苦难的时候，你所担心害怕的事情都是浮云，是根本不存在的。此时，你就会感到自己之前的表现非常好笑，于是就能采取行动。

所以。不论你怎么看它，只要勇敢面对。不但可以从此消除恐怖的阴影。并且能够产生坚强的自信心。

6. 要确实遵守自己所定下的约束

这是增强自信的最后一个步骤，也是所有步骤中最简单且最具效果的。

这里所指的约束，可以包括任何方面，如你的工作、经济、健康等各种问题，它可以帮助你获得意想不到的收获。

当然，这种约束并不是空想的，更不是口头上的，而是实实在在的。例如，在早晨起床之后，你可以在纸上写："我今天要把作业写完"，相信效果会更好，如果自己真的完成了，可以在晚上的时候在那张纸上给自己打满分。之后也是如此，长此以往，你会取得非常大的进步。

其实，约束的内容并不重要，重要的是人们可以将内容实践下去，无论遇到任何困难，都要想办法实现，也就是贵在坚持。

当你都能把自我约束的内容完成好之后，你就会更加相信自己，而且也开始依赖自己。这种能力可以帮助你在面对困难的时候不慌不忙，冷静处理，它给予你更多的勇气和力量，最终顺利解决问题。

然而，生活中还是存在很多只说不做的人，如果你也是这样的人，那么从现在开始就改正吧，养成勇于实践的好习惯，因为好的习惯可以帮助你取得更大的成功。

第七章 自我检测,衡量活在当下的力量

随着社会竞争的日益激烈,人们面临着各种压力,这些压力对我们的学习和生活已经造成了深远的影响。如何坦然应对挫折,能否健康、积极地面对生活压力,已经成为每一个人亟待解决的重要问题。下面就让我们一起多方面地检测一下自己的生存力度,以便更理智地面对今后的生活和学习吧。

检测一：你成熟吗

1. 测试导语

一个有着丰富人生经验的人往往是一个个性成熟的人。这样的人无论做什么事情都能够信心满满，并且对自己的能力和思想非常自信。在生活中，他会使用自己的知识和学问来解决问题。在工作中，无论遇到什么样的困难，他都能够泰然处之、镇定自若，冷静地分析问题，找到解决问题的办法。

本测试共10题，题后有选项，请你从中选择一个和自己实际情况最符合的答案。

2. 测试开始

（1）别人喜欢你的程度是：

A. 某些人很喜欢我，另一些人一点儿也不喜欢我

B. 一般人都有点喜欢我，但都不以我为知己

C. 谁也不喜欢我

D. 大多数人都在一定程度上喜欢我

E. 我不了解别人的看法

（2）在与别人的交往中，你通常是：

A. 喜欢故意引起别人对自己的注意

B. 希望别人注意我，但不想明显地表现出来

C. 喜欢别人注意我，但并不刻意去追求这一点

D. 不喜欢别人注意我

E. 对于是否会引人注意，我从不在乎

（3）你认为对待社会生活环境的正确态度是：

A. 使自己适应周围的社会生活环境

B. 尽量利用生活环境中的有利因素发展自己

C. 改造生活环境中的不良因素，使生活环境变好

D. 遇到不良的社会生活环境，就下决心脱离这个环境，争取调到好的地方去

E. 不管生活环境如何，我都要努力奋斗，无愧于自己的一生

（4）在工作或学习中遇到困难时，你经常是：

A. 向比我懂得多的任何人请教

B. 只向我的亲密朋友请教

C. 我总是尽自己最大的努力去独立解决，实在不行，才去请求别人的帮助

D. 我只是咬紧牙关，不请求别人来帮助

E. 我没发现可以请教的人

（5）如果在比赛中你输了，你通常的做法是：

A. 找出输的原因，提高技术，争取下次赢

B. 对获得胜利的一方表示钦佩

C. 认为对方没什么了不起的，在别的方面自己比对方强

D. 认为胜败是很正常的事情，很快就忘记了

E. 认为对方这次赢的原因是运气好，如果自己运气好的话就会赢对方

（6）在一般情况下，与你意见不相同的人都是：

A. 想法怪僻、难以理解的人

B. 没什么文化知识修养的人

C. 有相当理由坚持自己看法的人

D. 生活阅历和我不同的人

E. 素养比我丰富的人

（7）你对算命的看法是：

A. 我发现算命能了解过去和未来，而且很准

B. 算命人多数是骗子

C. 我不清楚算命到底是胡说，还是确有道理

D. 我不相信算命能测出人的过去和未来

E. 尽管我知道算命是迷信，但还是时常一试

（8）当生活中遇到重大挫折时，你便会感到：

A. 这辈子算完了

B. 也许能在其他方面获得成功

C. 不甘心失败，决心不惜付出任何代价，一定要实现自己的愿望

D. 没什么大不了的，我可以调整自己的计划或目标

E. 自己本来就不应当抱有这样高的期望或抱负

（9）你对待争论的态度是：

A. 随时准备进行激烈争论

B. 只对自己感兴趣的问题才争论

C. 我很少与人争论，喜欢自己独立思考各种观点的利弊

D. 我不喜欢争论，尽量避免之

E. 无所谓

（10）受到别人指责时，你通常的反应是：

A. 分析别人为什么指责我，找出自己在哪些地方有错

B. 保持沉默，毫不在意，将一切指责置之脑后

C. 反击对方的指责

D. 尽量照别人的意思去做

E. 如果我认为自己是对的，就为自己辩护

3. 评分标准

把每一题的得分加起来,再对照后面的测试结果。

题号\得分 选项	A	B	C	D	E
1	0	+2	-3	+8	-2
2	-2	0	+8	+3	+4
3	0	+4	+8	-4	+6
4	+8	0	+4	-2	-4
5	+8	0	-3	+4	-4
6	-3	-2	+8	+4	0
7	-5	+3	-2	+10	0
8	-4	+10	0	+5	-3
9	-4	+8	0	-2	+3
10	+8	+3	-4	0	+4

4. 测试结果

0分以下:你还十分幼稚,处理社会生活问题仍不成熟。你喜欢单凭个人的直觉和一时的感情行事,好冲动、不识大体;或者走向另一个极端,即遇事畏畏缩缩,不敢出头露面,孤独而自卑。你容易得罪人,也容易被人欺骗,在社会生活中处处碰壁,无法实现自己的理想和目标。这与现代社会生活的要求很不适应,你必须设法使自己尽快地成熟起来。

0~30分:你的个性还不够成熟,你还不善于处理社会生活中的各种问题和矛盾,不善于观察影响问题的各种因素,不能准确地预见自己行为的结果,还不能很好地适应复杂的社会生活。

31~60分:你的个性成熟度属中等水平,你对人生的一些事情把握、处理得比较适当,而对另一些事情还没有把握,以致束手无策或处理不当。你的个性具有两重性:一半老练,另一半幼稚,你还需要在社会生活中慢慢历练。

60分以上:你是个成熟老练的人。在社会生活中能够游刃有余、处事泰然。知道怎样妥善地处理自己所遇到的各种问题。处理问题时,能够准确地判断，哪种方式是有效的，哪些方式会造成不良后果，从而选择一种最佳的处理方案。

5. 心理透析

个性成熟的人大多有丰富的经历，有大量失败和成功的经验可供借鉴。但是个性成熟的程度不一定是与人的年龄成正比的。所以判断一个人的个性是否成熟以及成熟的程度，关键是看其处理事情的态度、能力，对社会的适应能力和自控能力。

检测二：你的心理年龄有多大

1. 测试导语

人的心理年龄与其实际年龄并不总是一致的。有的人年纪轻轻，心态却十分保守，一副老气横秋的样子；有的人虽已近知天命之年，却总是充满朝气，心态积极乐观，性格开朗。

不妨测试一下你的心理年龄，每道题有3种答案：是、否、中间，选择适合你的答案。

2. 测试开始

（1）下决心做某事后便立刻去做。

（2）往往凭经验办事。

（3）对任何事情都有探索精神。

（4）说话慢而且啰唆。

（5）健忘。

（6）怕烦心，怕做事，不想活动。

（7）喜欢计较小事。

（8）喜欢参加各种活动。

（9）日益固执起来。

（10）对什么事情都有好奇心。

（11）有强烈的生活追求。

（12）难以控制感情。

（13）容易嫉妒别人，易悲伤。

（14）见到不合理的事不那么气愤了。

（15）不喜欢看推理小说。

（16）对电影和爱情小说日益失去兴趣。

（17）做事情缺乏持久性。

（18）不愿意改变旧习惯。

（19）喜欢回忆过去。

（20）学习新鲜事物感到困难。

（21）十分注意自己身体的变化。

（22）生活兴趣的范围变小了。

（23）看书的速度加快。

（24）动作不够灵活。

（25）消除疲劳感很慢。

（26）晚上不如早晨和上午头脑清醒。

（27）对生活中的挫折感到烦恼。

（28）缺乏自信心。

（29）难以集中精力思考。

（30）学习效率低。

3. 评分标准

把各题的得分相加，算出总分，再根据总分查出自己所属的心理年龄范围。

题号答案\得分	1	2	3	4	5	6	7	8	9	10	11	12	13	14	15	16	17	18	19	20	21	22	23	24	25	26	27	28	29	30
是	0	2	0	4	4	4	2	0	4	0	0	0	2	2	2	2	4	2	4	2	2	2	2	2	2	2	2	2	2	2
否	2	0	4	0	0	0	0	2	0	2	4	2	0	0	0	0	0	0	0	0	0	0	0	0	0	0	0	0	0	0
中间	1	1	2	3	2	2	1	1	2	1	2	1	1	1	1	1	2	1	2	1	1	1	1	1	1	1	1	1	1	1

4. 测试结果

分数	75分以上	66～75分	51～65分	31～50分	0～30分
心理年龄	60岁以上	50～59岁	40～49岁	30～39岁	20～29岁

5. 心理透析

从一定程度上来说，一个人的心理年龄与其实际年龄是有着密切关系的，主要表现在以下几个方面：第一，心理年龄与实际年龄一致。也就是说心理状况与实际年龄基本符合，这种情况表明了心理健康水平一般；第二，心理年龄低于实际年龄。这种情况说明了有着较高的心理健康水平，但这个低也是有限度的，如果过低，则表明了心理并非健康；第三，心理年龄高于实际年龄：这种情况说明了心理健康水平较差，而且随着心理年龄的增高，心理健康状况更差。所以，如果一个人想要保持健康的心理，则需要了解自己的心理年龄，只有这样，才能"对症下药"。

检测三：心理适应能力

1. 测试导语

在我们的周围，每天发生的事情像6月的天气一样变幻莫测，而我们必须学会主动地去适应。只有这样，才能做好自己的工作，才能生活得幸福快乐。

你的心理适应能力到底如何呢？

2. 测试开始

（1）一件很重要的东西不见了，这时你会：

A. 急忙把那些可能有的地方找一遍。3分

B. 疯狂地掀起地毯来搜索。5分

C. 镇静地回想一下可能会放在哪里。1分

（2）你急着去开会，半路却遇到严重堵车，你会：

A. 变得急躁不堪，同时想象等候者恼火的样子。5分

B. 设想等候者会体谅你是不得已而迟到。1分

C. 很着急，但想想急也无益，干脆不去想了。3分

（3）当你值班时，收到一封来自其他部门的信，你会：

A. 试着自己来弄清事情的缘由。1分

B. 装作没看到，随便谁捡起谁去处理。3分

C. 找个理由推给办公室其他同事去处理。5分

（4）你向来用水笔写字，现在要你换钢笔书写，你会：

A. 感到别扭。5分

B. 有时有点不顺手。3分

C. 感觉与用水笔没什么差别。1分

（5）你在大会上演说的姿态、表情、条理性及准确性与你平时讲话相比怎样？

A. 基本上没什么差别。1分

B. 说不准，看具体的情况而定。3分

C. 显然要逊色多了。5分

（6）到了聚会的地方后，发现全是陌生的面孔，你会：

A. 先喝几杯饮料让自己放松一下。5分

B. 有时感到不自在，有时又能从这种状态中摆脱出来，与人相叙

甚欢。3分

C. 积极加入进去，不感到一丝的陌生。1分

（7）已经到了递交论文的最后期限了，你会：

A. 变得更有效率了。1分

B. 开始错误百出。5分

C. 心中暗急，但仍尽力维持正常状况。3分

（8）刚与人展开了一番唇枪舌战，你会：

A. 转回到学习上，但有时难免出神。3分

B. 唠叨个不停，学习效率大减。5分

C. 不受影响，继续专心学习。1分

（9）你出差或旅游到外地，住进招待所或旅馆，睡在陌生的床铺上，你会：

A. 失眠得厉害，换一种睡眠姿势，换一个枕头也会引起新的失眠。5分

B. 有时会失眠。3分

C. 和在家感觉没什么差别。1分

（10）调了座位之后，尽管你很努力，还是没有以前的学习效率高，是吗？

A. 对。5分

B. 说不上。3分

C. 不是这样的。1分

（11）你们学校的学习时间作了调整，你的反应是：

A. 在相当长一段时间内生活规律发生紊乱。5分

B. 起初的两三天感到不习惯。3分

C. 很快就习惯了。1分

（12）有人莫名其妙地把你骂了一顿，你会：

A. 头脑清醒，冷静而适度地予以回击。1分

B. 一下蒙了，过后才去想当时该如何进行反击。5分

C.在当时就还了几句，但不甚中要害。3分

（13）你和同学约好了时间去吃饭，当你赶去的时候，他却说不能来了，这时你会：

A.有些不满，但既来之则安之，自己吃呗。3分

B.总是在想这件事。5分

C.赶紧打电话给其他朋友，总不能来了就走啊。1分

（14）同学们总说小李脾气古怪，特难相处，你认为：

A.倒觉得小李蛮好接近的，大家恐怕太不了解他。1分

B.说不上对他什么感觉。3分

C.也有同感。5分

（15）你正在看书，外面突然很嘈杂，你会因此而分心吗？

A.是的。5分

B.看吵闹的程度而定。3分

C.不，只要不是跟我吵，坐在集市货摊之间也照读不误。1分

3. 评分标准

根据你的选项累计加分。

A.15～29分

B.30～57分

C.58～75分

4. 心理透析

A型：心理适应性强

世界千变万化，而你"游刃有余"，生活中的各种压力你常能化之于无形。你过得心情愉快、万事如意，这种精神品质有利于你的心理平衡与健康。你是个生命力较强的人。

B型：心理适应性中等

事物的变化及刺激不会使你失魂落魄，一般情形你都能作出相应的适度反应，可是如果事件比较重大或出现得比较突兀，那你的适应期就要拖长。你了解自己的这种情况之后，最好预先准备，锻炼自己的快

速适应能力。

C型：心理适应能力差

你对世界的变化、生活的摩擦很不习惯，如此磨损你会过早"断裂"的。不过，只要意识到了，还是有希望改善状况的。首先你要从思想上对那些你总看不惯的东西冷静地剖析一番，它们真是十分难以忍受吗？其次，要在心理上具备灵活转移、顺应时变的快速反应能力，不要将自己拘泥在惯有的固定模式中。

检测四：你在哪方面最输不起

1. 测试导语

有没有问过自己，什么是你一生最输不起的事情？感情？学业？还是金钱？如果你还不清楚自己在哪方面最输不起，就让这个测试告诉你吧！

2. 测试开始

假设你参加同学聚会时，有人在不停地大声笑闹，你的反应会是什么？

A. 懒得理会

B. 酸酸地说上几句

C. 坐在自己位置上，大声训斥几句

D. 摆出一张臭脸

3. 测试结果

选A的人：你在金钱上最输不起。这类型的人很爱自己，觉得生活要有品位，而且要有质量，不喜欢装穷。你觉得人生苦短，为什么要让自己过得这么不舒服，所以尽量让自己好一点，对家人好一点，让生活质量维持得很好。

选B的人：你在感情上最输不起。这种类型的人内心非常脆弱，有自知之明，知道自己如果在感情上受到伤害的话，可能要花很长的时间让自己恢复疗伤，所以当他发现和另一半有感情裂痕的时候，他会赶快分手，这样他的疗伤期就可以变短。

选C的人：你在工作上最输不起。这类型的人很喜欢享受工作上的成就感，例如，掌声、收入对他来说非常的重要，所以只要他下定决心就可以做到最好，如果有人扯他后腿会让他非常不高兴。

选D的人：你对任何事都输不起。这类型的人好面子，他觉得自己的尊严很重要，自尊心非常强，如果别人的挑衅让他感到受不了，他反扑的力气会让人吓一大跳。

4. 心理透析

在金钱上最输不起的人，是一种追求物质生活的人，一旦没有了太多钱，就会陷入一种恐慌状态，所以奉劝这种人，要合理挣钱、花钱。

在感情上最输不起的人，是感性的人，这种人容易感情用事，心思细腻，把很多精力都放在感情上。建议你在处理感情问题上要果断，人生除了感情之外，还有很多东西需要你去珍惜，需要你去做。

在工作上最输不起的人，是很有事业心的人，他把工作、事业当成人生的中心并为此付出毕生精力，建议这种人在追求事业成功的同时千万别把生活撇在一边，请协调好生活与事业的关系。只有生活与事业都成功的人才会活得更精彩。

任何事都输不起的人，经常处于高度紧张的状态，奉劝这种人要放松自己，生活其实是简单而快乐的。

检测五：你是一个乐观的人吗

1. 测试导语

你是个乐观主义者还是个悲观主义者？你是透过亮丽的镜子还是透过灰暗的镜子来看待人生？做完这套试题你就明白了。不过明白了自己性格的人们要记住：乐观者切勿过于冒险而多了祸事，悲观者切勿过于保守而少了进取。下面的问题只要答"是"或"否"。

2. 测试开始

（1）如果半夜里听到有人敲门，你会认为那会是坏消息，或是有麻烦发生了吗？

（2）你随身带着安全别针或一条绳子，以防衣服或别的东西裂开了吗？

（3）你跟人打过赌吗？

（4）你曾梦想过中了彩票或继承一大笔遗产吗？

（5）出门的时候，你经常带着一把伞吗？

（6）你会用收入的大部分来买保险吗？

（7）度假时你曾经没预订宾馆就出门了吗？

（8）你觉得大部分的人都很诚实吗？

（9）度假时，把家门钥匙托朋友或邻居保管，你会把贵重物品事先锁起来吗？

（10）对于新的计划你总是非常热衷吗？

（11）当同学表示一定会还钱时，你会答应借钱给他吗？

（12）大家计划去野餐或烤肉时，如果下雨你仍会按原计划行动吗？

（13）在一般情况下，你信任别人吗？

（14）如果有重要的约会，你会提早出门以防塞车、抛锚或别的情况发生吗？

（15）每天早上起床时，你会期待美好一天的开始吗？

（16）如果医生叫你做一次身体检查，你会怀疑自己有病吗？

（17）收到意外寄来的包裹时你会特别开心吗？

（18）你会随心所欲地花钱，等花完以后再发愁吗？

（19）上飞机前你会买旅行保险吗？

（20）你对未来的生活充满希望吗？

3. 评分标准

每道题答"是"得1分，答"否"得0分。

4. 测试结果

0～7分：你是个标准的悲观主义者，总是看到人生不好的那一面。身为悲观主义者，唯一的好处是你从来不往好处想，所以很少失望过。然而以悲观的态度面对人生，却有太多的不利。你随时会担心失败，因此不愿去尝试新的事物，遇到困难时，你的悲观情绪会让你觉得人生灰暗。解决这一问题的唯一办法，就是以积极的态度来面对每一件事和每一个人，即使偶尔会感到失望，但你会增加信心。

8～14分：你对人生的态度比较正常。不过你仍然可以再进步，只要你学会以积极的态度来面对人生的起伏。

15～20分：你是个标准的乐观主义者。总是看到人生好的一面，将失望和困难摆到一旁，不过过于乐观也会使你对事情掉以轻心，反而会误事。

5. 心理透析

开朗乐观不仅是一种心理状态，也是一种性格品质。通过调查显示：与那些悲观抑郁的人相比，开朗乐观的人的身体更健康，而且婚姻生活较为幸福,事业上也较易获得成功。在生活中,保持开朗乐观的心态可以帮助你击败悲观情绪,快乐的生活,无论身处什么样的环境,都能面带微笑地迎接任何挑战,它可以将劣势转化为促进人进步和成功的优势。

检测六:寻找自己身上的缺点

1. 测试导语

金无足赤,人无完人。每个人都有自己的优点和缺点。如果过分在乎缺点,就会使一个人失去信心;但如果不客观地找出自己的缺点,又难以全面了解自己。下面这个测试将帮助你找到自身的缺点。只有克服它们,你才能获得成功。

2. 测试开始

(1) 当一个朋友系着一条并不太适合他的领带却自我感觉良好地对你说:"怎么样,还可以吧!"这时你怎么回答?

A. 坦率地表示"不怎么样"

B. 笑而不答

C. 说"不错"

D. 说"不错是不错,不过上次那条更好看"

(2) 假如约会时,当他(她)好像很无聊的样子而保持沉默时,你会说:

A. "回去吧!"

B. "怎么啦?是不是心情不好?"

C."想去散步吗？"

D."无论你想做什么，我都会陪你。"

（3）有人恶作剧地在一个同学背后贴了一张写有"混蛋"字样的纸条，那个同学却没注意到，这时你会：

A.趁他不注意时悄悄地把纸条拿下来。

B.充满好奇地跟身边的人说："你看！"

C.提醒那个同学："脱下你的衣服看看！"

D.不吭声，装作没看见。

（4）假如，你和男（女）友交往时，父亲劝你："不要跟那种男（女）人在一起，赶紧分手！"面对这种情况，你会说：

A."他（她）是个不错的人，希望爸爸能了解他（她）。"

B."我也正想和他（她）分手。"

C."不用你管，我自己会负责。"

D."好的，我会好好考虑一下。"

（5）请想一想，在你和你3个最优秀的同学中谁最有魅力并最受异性青睐？

A.不知道

B.我是最差劲的

C.当然是我自己

D.自己在4人中大概排第3

（6）假如在你婚礼的前一天中午，昔日的男（女）友突然出现，对你说："我仍然爱着你！"并向你提出重新开始的要求，这时你会：

A.为难不知所措

B.答应对方的请求

C.将其痛骂一顿

D.断然拒绝

3.评分标准

请统计你在各测验中的选择项，分别算出A、B、C、D各选择了几

个。选择数目最少的那一种，就是你的类型。但是，如果有两个以上数目相同的话，那就是E类型了。

4. 测试结果

类型A：你似乎缺少同情心，不论遇上什么事，你总是先为自己着想，而不顾及他人的立场及心情，就是看见别人有困难，你也不会主动地伸出援助之手。在你的心中，自己的事永远都是最重要的，至于他人的事，你根本就不在意。在你的心中一直有个愿望，就是希望别人更关心你。或许是这种期待过于强烈，才使你变得那么冷漠自私吧。

类型B：你的性格并不开朗。虽然你意识不到自身的这个方面，但你的行为和表现则向外界传达了你是一个深沉的人。其实，你现在最应该做的就是让别人真正地了解你。在很多事情上，你考虑较为全面，做事也非常认真，但是过于严肃的你不容易使问题得到解决。所以，当你遇到什么问题的时候，你的朋友会来帮助你，但你那一副深沉样就会把他们吓跑，所以，尽量开朗乐观一些，这样你会有意想不到的收获。

类型C：你的缺点就是没有决心。你到商场去买东西时，往往看得眼花缭乱，结果却什么也没买成就回家了。由于你爱憎分明，所以想买的东西，能很快地选出来，但是，在付账的过程中，如果你又看到了同样种类的东西，你就会左右为难了。不仅在购物时，在人际关系上，决心也是非常重要的。如果在最后的瞬间你突然产生迷惑、无法决定的话，这是相当糟糕的事情。

类型D：你所欠缺的就是慎重。无论做什么事情，你往往是比较冲动的。而且，在很多时候你没有定性，听风就是雨。当别人说什么东西比较好的时候，你会不顾一切去买，但后来才发现都是一些没用的东西，虽然后悔但也没什么用了。你没有主见，无论做什么，都容易受他人的影响。另外，你喜欢"装好人"，当别人向你求助的时候，无论怎样你都会答应下来，但往往又会因为没有这个能力，而最终无法交差，所以总是失信于人。所以，在你做决定的时候，一定要对自己的能力再三考虑，最主要的是要慎重。你这种类型的人容易结交朋友，如果你是

女生，将更受男生的喜欢。

类型E：你可能是个想得多却做得少的人。无论什么事情，你都会前思后想的考虑很多，但往往不付诸实践。你非常在意别人对你的看法，所以在做事情的时候，因为这些想法而缺少了行动的勇气。在平时，你有着很好的判断力和构想，也非常聪明，但真正遇上问题的时候，却慌了手脚，想不到任何的办法。另外，你太过理想主义了，所以做事情不切合实际。另外，在生活中，不要胆怯和畏惧，做事情要充满自信。

5. 心理透析

曾经有一位伟大的商业领袖这样说："无论是杰出的领袖、成功的人，还是成功的企业，他们都是一样的，那就是既了解别人，也了解自己。更可贵的是他们对对方和自己的优缺点了如指掌。这样，他们就能用自己的优势去对抗对方的劣势，最终获得成功。"

"决定木桶盛多少水的不是最长的那块木板，而是最短的那一块。"这是著名的木桶理论。你是否用它来警示自己，促使自己改正缺点呢？

检测七：测测你的坚强意志

1. 测试导语

坚强的意志力，是每个人获得成功的源泉。意志坚强的乐观主义者，无论在压力多大的情况下，都不会在思想上崩溃。不管面对怎样的处境，都会一直以充满希望、乐观的态度期待着美好的结局。正因为他们坚强、乐观，所以也常常得到成功与快乐的青睐。

说明：试题共26道。每道试题你可按下列情况做出判断。

A——很符合自己的情况

B——比较符合自己的情况

C——介于符合与不符合之间

D——不大符合自己的情况

E——很不符合自己的情况

2. 测试开始

（1）我很喜欢长跑、远足、爬山等体育运动，但并不是因为我的身体条件适应这些项目，而是因为这些运动能够锻炼我的体质和毅力。

（2）我给自己订的计划，常常因为主观原因不能如期完成。

（3）如没有特殊原因，我每天都按时起床，从不睡懒觉。

（4）我的作息没有什么规律性，经常随自己的情绪和兴致而变化。

（5）我信奉"凡事不干则已，干则必成"的格言，并身体力行。

（6）我认为做事情不必太认真，做得成就做，做不成便罢。

（7）我做一件事情的积极性，主要取决于这件事情的重要性，即该不该做，而不在于对这件事情的兴趣，即不在于想不想做。

（8）有时我躺在床上，下决心第二天要干一件重要的事情，但到第二天这种劲头又消失了。

（9）在学习和娱乐发生冲突的时候，即使这种娱乐很有吸引力，我也会马上决定去学习。

（10）我常因读一本引人入胜的小说或看一出精彩的电视节目而不能按时入睡。

（11）我下决心办成的事情（如练长跑），不论遇到什么困难（如腰酸腿疼），都坚持下去。

（12）我在学习或工作中遇到了困难，首先想到的就是问问别人有没有办法。

（13）我能长时间做一件重要而枯燥无味的工作。

（14）我的兴趣多变，做事情常常是"这山望见那山高"。

（15）我决定做一件事情时，常常说干就干，绝不拖延或让它落空。

（16）我办事情喜欢拣容易的先做，难的能拖则拖，实在不能拖时，就赶时间做完算数，所以别人不大放心让我干难度大的工作。

（17）对于别人的意见，我从不盲从，总喜欢分析、鉴别一下。

（18）凡是比我能干的人，我不大怀疑他们的看法。

（19）遇事我喜欢自己拿主意，当然也不排除听取别人的建议。

（20）生活中遇到复杂情况时，我常常举棋不定，拿不了主意。

（21）我不怕做我从来没做过的事情，也不怕一个人独立负责重要的工作，我认为这是对自己很好的锻炼。

（22）我生来胆怯，没有十二分把握的事情，我从来不敢去做。

（23）我和同学、朋友、家人相处，很有克制能力，从不无缘无故发脾气。

（24）在和别人争吵时，我有时虽明知自己不对，却忍不住要说一些过头话，甚至骂对方几句。

（25）我希望做一个坚强的、有毅力的人，因为我深信"有志者事竟成"。

（26）我相信机遇。很多事情证明，机遇的作用有时大大超过个人的努力。

3. 评分标准

在上述26道题中，凡题号为单数的试题，A、B、C、D、E依次为5分、4分、3分、2分、1分。凡题号为双数的试题，A、B、C、D、E依次为1分、2分、3分、4分、5分。

4. 测试结果

110分以上，说明你意志很坚强；

91～110分，说明你意志较坚强；

71～90分，说明你意志只是一般；

51～70分，说明你意志比较薄弱；

50分以下，说明你意志很薄弱。

5. 心理透析

意志不坚强的人，不会有坚决的态度，无论做什么事，尤其在复杂多变的环境中，处理复杂的问题时，容易被外界环境所左右，不是突然变得消极就是态度粗暴，最终在暴躁中鲁莽而坏事。而意志坚强的人，则永远乐观进取、积极向上，对任何事都认真对待，不会轻易被环境的变化所影响，也不会轻易被别人的意见所左右。

检测八：测测你的处世能力

1. 测试导语

处世能力主要指一个人处理社会生活中人与人之间各种矛盾的能力。下面每一个问题都涉及一种具体的社会生活情景，并且列出了4个备选方案。请你设身处地考虑一下，如果你面临这种情景，你的表现将与哪一个方案更符合，请把它前面的字母代号圈出来。

2. 测试开始

（1）在聚会上，如果你与多数同桌的人素不相识，你怎么办？

A. 显得心神不定，左顾右盼

B. 静听别人的谈话

C. 只与相识的人高谈阔论

D. 神态自如地参与大家的谈论

（2）觉得和自己协同工作的同学在性格和想法方面合不来时，你怎么办？

A. 委曲求全，尽量凑合下去

B. 故意捣乱，与他吵架，迫使老师解决

C. 向老师汇报他的短处，要求老师调离他

D. 尽量谅解，实在不行，则向老师如实说明，等机会解决

（3）在公共汽车上，你无意踩了别人一脚，别人对你骂个不停，你怎么办？

A. 只当没听见，任他去骂

B. 与他对骂，不惜大吵一架

C. 推说别人挤了自己才踩到他的，不应该怪罪自己

D. 请他原谅，同时提醒他骂人是不文明的

（4）在影剧院看电影时，你的邻座旁若无人地讲话，使你感到讨厌，你怎么办？

A. 希望别人能出面向他们提意见使他们自己停止

B. 严厉地指责他们

C. 叫来服务员制止他们

D. 有礼貌地请他们别讲话

（5）你感觉自己学得非常好，不料老师很不满意，你怎么办？

A. 不做声地听老师埋怨，但心中十分委屈

B. 离开学校，认为自己不应受埋怨

C. 解释因客观条件限制，自己无法做得更好

D. 注意自己做得不够的地方，以便今后改正

（6）你买了一架崭新的照相机，自己还未用过，但有朋友向你借，你怎么办？

A. 借给他，但是满腹牢骚

B. 脸色很难看，使得朋友不得不改口

C. 骗他说已经借给别人了

D. 告诉他自己要试拍一下，检查了照相机的性能后再借给他

（7）当你正在埋头干一件急事，你一位朋友上门来找你倾诉苦恼，你怎么办？

A. 放下手中工作，耐心倾听

B. 很不耐烦，流露出不想听的神态

C. 似听非听，脑子里还在想自己的事情

D. 向他解释，同他另约时间

（8）在你知道了别人的一些隐私之后，你怎么办？

A. 觉得好奇，但尽量不去传给其他人听

B. 忍不住，会很快告诉其他人

C. 当其他人谈起时，也会附和着一起谈

D. 根本没有想要让其他人知道

（9）星期天，你忙了一整天，把宿舍全部打扫干净，你同宿舍的同学逛街回来后，却埋怨你没有帮她买饭，你怎么办？

A. 独自一人生闷气

B. 发脾气，骂她自私，要她自己去买饭

C. 气得当晚什么也不想干

D. 向她解释，然后邀请她一起出去吃饭

（10）当你搬到一个新的宿舍，同宿舍的同学都不认识，显得较冷淡，你怎么办？

A. 尽量避免与他们交往

B. 故意显出自己是很强硬的，让人家有种敬畏感

C. 视他们以后对自己的态度再行事

D. 主动打招呼，表现出友好的姿态

（11）如果有人经常要麻烦你做一些事，你却很忙，你怎么办？

A. 尽量避开他

B. 告诉他很忙，不要再来麻烦了

C. 敷衍他

D. 尽自己能力帮助，有困难时再向他说明情况

（12）一位朋友向你借了几元钱，但后来没还，好像不记得这回事了，你怎么办？

A. 今后再也不借给他了

B. 提醒他曾借过钱

C. 向他借同等数额的钱,作为抵消

D. 就当没这回事

(13)在餐馆里你买了一份饭菜,但发现太咸,你怎么办?

A. 向同桌人发牢骚

B. 粗鲁地责骂厨师无能

C. 默默地吃下去

D. 平静地问服务员能否处理,如不能,则吃下去

(14)一位热情的服务员为了使你买到满意的东西,向你介绍了所有东西,但你都不满意,你怎么办?

A. 买一件你并不想买的东西

B. 说这些商品质量不好,是卖不掉的商品

C. 向他道歉,说是同学托买的东西,一定要同学满意才能买

D. 说一声"谢谢",然后离去

3. 测试结果

统计你所圈各个字母的次数,找出自己选择次数最多的字母代号。

如果你选择答案A的次数最多,说明你处世态度过于消极,凡事与世无争,实际上心中不一定服气,对任何有争论的事,你都不愿意表态,希望他人做决定或承担责任。当人们了解你的时候,也许会同情你,但以后又会产生反感。

如果你选择答案B的次数多,说明你处世能力较差,不善于待人接物,往往属于好斗型,遇不顺心的事容易暴跳如雷,甚至粗鲁地骂人。表面看来,你颇有权威地占了上风,其实得不到他人对你的尊重,结果是使人们憎恨你或害怕和疏远你。

如果你选择答案C的次数最多,说明你具有一定的处世所需的克制能力,能把怨气和不满情绪隐藏起来,比前面两种人更善于处理人与人之间的关系,只是有时为人不够真诚坦率,结果使人们感到你有时表现

得比较虚伪或不能完全理解你。

如果你选择答案D的次数最多，说明你有积极而理智的处世态度，遇事表现出较强的克制能力，尊重他人，对人诚恳坦率，不喜欢虚假和装模作样，结果是人们尊重你，愿意和你交往，建立友谊关系。

检测九：测测你的心理承受力

1. 测试导语

心理承受能力是个体对逆境引起的心理压力和负性情绪的承受与调节的能力，主要是对逆境的适应力、容忍力、耐力、战胜力的强弱。一定的心理承受能力是个体良好的心理素质的重要组成部分。

2. 测试开始

对于下面每道题，请根据自己的实际情况作出"是"或"否"的回答。

1. 你认为自己是个弱者吗？

　　A. 是　　　　　　　　B. 否

2. 你是否喜欢冒险和刺激？

　　A. 是　　　　　　　　B. 否

3. 你生活在使你感到快乐和温暖的班级吗？

　　A. 是　　　　　　　　B. 否

4. 如果现在就去睡觉，你担心自己会睡不着吗？

　　A. 是　　　　　　　　B. 否

5. 生病时你依旧乐观吗？

　　A. 是　　　　　　　　B. 否

6. 你是否认为家人需要你?

  A. 是   B. 否

7. 晚睡两小时会使你第二天明显精神不振吗?

  A. 是   B. 否

8. 看完惊险片很长一段时间内,你一直觉得心有余悸吗?

  A. 是   B. 否

9. 你常常觉得生活很累吗?

  A. 是   B. 否

10. 你是否有一些无话不谈的知心朋友?

  A. 是   B. 否

11. 当考试成绩不理想时,你会感到非常沮丧吗?

  A. 是   B. 否

12. 你认为自己健壮吗?

  A. 是   B. 否

13. 当你与某个同学闹意见后,你一直无法消除相处时的尴尬吗?

  A. 是   B. 否

14. 大部分时间你对未来充满信心吗?

  A. 是   B. 否

15. 你有一个关心、爱护你的家吗?

  A. 是   B. 否

16. 当你在课堂上回答不出问题时,你在课后还会久久地感到烦恼吗?

  A. 是   B. 否

17. 每到一个新地方,你是否常常会出现问题,如吃不下饭,睡不着觉,拉肚子,头晕等?

  A. 是   B. 否

18. 即使在困难时,你还是相信困难终将过去吗?

  A. 是   B. 否

19. 你明显偏食吗?

　　A. 是　　　　　　　　B. 否

20. 当你与父母发生不愉快时,你是否曾想离家出走?

　　A. 是　　　　　　　　B. 否

21. 你是否每周至少进行一次所喜欢的体育活动,如登山、打球、游戏等?

　　A. 是　　　　　　　　B. 否

22. 你觉得自己有些神经衰弱吗?

　　A. 是　　　　　　　　B. 否

23. 你认为老师喜欢你吗?

　　A. 是　　　　　　　　B. 否

24. 心情不愉快时,你的饭量与平时差不多吗?

　　A. 是　　　　　　　　B. 否

25. 看到苍蝇、蟑螂等讨厌的东西,你感到害怕吗?

　　A. 是　　　　　　　　B. 否

26. 你相信自己能够战胜任何挫折吗?

　　A. 是　　　　　　　　B. 否

27. 你是否常常与同学们交流看法?

　　A. 是　　　　　　　　B. 否

28. 你常常因为想心事而躺在床上久久不能入睡吗?

　　A. 是　　　　　　　　B. 否

29. 在人多的场合或在陌生人面前说话,你是否感到窘迫?

　　A. 是　　　　　　　　B. 否

30. 你是否认为你受到的挫折与其他人相比,根本算不了什么?

　　A. 是　　　　　　　　B. 否

3. 评分标准

第2、3、5、6、10、12、14、15、18、21、23、24、26、27、30题答"是"记1分,答"否"记0分。其余各题答"是"记0分,答"否"

记1分。各题得分相加，统计总分。

4. 测试结果

总分在0～9分：你的心理承受能力差。你遇到困难易灰心，常有挫折感。

总分在10～20分：你的心理承受能力一般。你能轻松地承受一些小的压力，但遇到大的打击时，还是容易产生心理危机。

总分在21～30分：你的心理承受能力强。你能在各种艰难困苦面前保持旺盛的斗志。

5. 心理透析

青少年心理承受能力软弱不仅可以给他们带来各种心理障碍与心理疾病，造成适应社会的困难，而且可以给他们成年后人格的健全发展及适应日趋激烈的竞争与挑战的社会生活留下隐患。因此，青少年心理承受的培养不仅是学校而且是家庭与社会必须给予长期重视并有效解决的问题。

检测十：你的耐冲击力如何

1. 测试导语

有的人在困难、挫折中被压垮了，一蹶不振；有的人则相反，他在困难、挫折的压力下百折不挠，不但没有倒下去，反而产生一种非凡的耐冲击力。这是因为经过耐冲击力训练和锻炼后，神经系统极端活跃，内分泌腺功能增强，使激素的分泌旺盛，使人的耐冲力达到了相当惊人的程度。用下表测一下你的耐冲击力程度，以便有针对性地进行锻炼。

2. 测试开始

下列10题中，每题有三种应付方法，选一种你的应付方法。

冲击力		应付的方法	得　　分
1. 碰到令人担心之事时	A	无法着手工作	
	B	照干不误	
	C	两者之间	
2. 碰到讨厌的对手时	A	感情用事无法应付	
	B	能控制感情应付自如	
	C	两者之间	
3. 失败时	A	再不想干了	
	B	振作起来继续努力	
	C	两者之间	
4. 工作进展不快时	A	焦躁万分无法思考	
	B	可以冷静地想办法	
	C	两者之间	
5. 工作（学习）中感到疲劳时	A	脑子不好使了	
	B	耐住疲劳继续工作	
	C	两者之间	
6. 工作（学习）条件恶劣时	A	无法干好工作	
	B	克服困难创造条件	
	C	两者之间	
7. 感到绝望时	A	不想再干工作	
	B	立即振奋精神	
	C	两者之间	
8. 碰到难题时	A	失去信心	
	B	能开动脑筋	
	C	两者之间	
9. 接到很难完成的任务时	A	顶了回去	
	B	千方百计干好它	
	C	两者之间	
10. 困难落到自己头上时	A	嫌恶之极	
	B	欣然努力克服	
	C	两者之间	
总分			

3. 评分标准

表中的10道题，每题A为0分，B为2分，C为1分。将各题的得分相加。

4. 测试结果

总分在17分以上，说明耐冲击力很强；在10～16分，说明对某些特定的抵抗能力较弱；在9分以下，说明耐冲击力弱。可以据此表测验的结果作合理、有针对性的训练。

检测十一：你经受了挫折没有

1. 测试导语

抗挫力犹如一套个人的心理自我免疫系统，不仅保护自己免受困难与挫折的侵蚀，还能提高生命的动力，以勇气与智慧去探索未知的世界。

2. 测试开始

对于下面每道题，请根据自己的实际情况作出选择。

（1）在过去的一年中，你认为自己遭受挫折的次数为：

A. 2次或2次以下

B. 3～5次

C. 5次以上

（2）对于每次遇到的挫折，你通常能解决到什么程度？

A. 大部分能靠自己解决

B. 有一部分能靠自己解决

C. 大部分自己无法解决

（3）与周围的人相比，你对自己的能力素质的自信程度如何？

A. 十分自信

B. 比较自信

C. 不太自信

（4）在面临困境时，你通常采用何种应对方法？

A. 知难而进

B. 找人帮助

C. 放弃目标

（5）如果有令你很担心的事发生时，你通常：

A. 无法安心学习

B. 学习照样不误

C. 介于A、B之间

（6）碰到令人讨厌的竞争对手时，你通常：

A. 无法应付

B. 应付自如

C. 介于A、B之间

（7）面临失败时，你通常的做法是：

A. 破罐破摔

B. 把失败转化为成功

C. 介于A、B之间

（8）当学习效率太慢时，你会：

A. 焦躁万分

B. 冷静地想办法

C. 介于A、B之间

（9）碰到难题时，你通常会：

A. 失去自信

B. 为解决问题而费尽心思

C. 介于A、B之间

（10）在学习中感到疲劳时，你通常：

A.总是想着疲劳，脑子也变得不好使了

B.休息一段时间，就能把疲劳给淡忘掉

C.介于A、B之间

（11）当学习条件恶劣时，你通常：

A.无法好好学习

B.能克服困难，努力学习

C.介于A、B之间

（12）当因学习成绩而产生自卑感时，你：

A.不想再学了

B.立即振奋精神去好好学习

C.介于A、B之间

（13）当老师留难的作业时，你会：

A.竭力把作业做完

B.抄别人的

C.介于A、B之间

（14）当困难落到自己头上时，你往往：

A.厌恶之极

B.认为这是个锻炼的机会

C.介于A、B之间

3. 评分标准

第1、2、3、4题选A得3分，选B得2分，选C得1分；第5、6、7、8、9、10、11、12、13、14题选A得1分，选B得3分，选C得2分。然后将以上各题的得分相加，即得到你的总分。

4. 测试结果

总分在20分或20分以下：说明你的抗挫折能力很弱。

总分在21～30分：说明你虽有一定的抗挫折能力，但对某些挫折的抵抗力薄弱。

总分在31分以上：说明你的抗挫折能力很强。

5. 心理透析

在成功的道路上，难免会有些挫折和困难。不经一番风雨，怎么见得彩虹？面对困难和挫折，只有敢于面对一切，困难才会转化成快乐。

检测十二：测测你的情商

1. 测试导语

生活和工作中可能遇到的挫折很多，特别是做推销工作，失败是最常见的挫折。而其他类型的挫折，如意外的事故、亲人的过世、疾病的感染等，既可以使一个人彻底消沉、忧郁下去，从此一蹶不振，也可以激发一个人的潜力，让他不断走向成功。

不论是成功者还是失败者，他们与自己的对手相比，胜利者具备这些共同的素质：自信、主动、情绪稳定、能控制自己、喜欢同别人交流，这就是成功人士的支点——情商。

2. 测试开始

对下列题目做"√"或"×"的选择。

（1）与你的同学或者朋友发生争吵后，你能在他人面前掩饰住你的沮丧。

（2）当学习碰到困难时，你认为这是对未来的警告。

（3）在你最好的朋友开始说话以前，你就能分辨出他（她）处于何种情绪状态。

（4）当你担忧某件事时，你在夜里几个小时难以入睡。

（5）你认为大多数人必须更加努力而不要轻易放弃。

（6）与你最好的朋友告诉你一些好消息相比，你更易受一部浪漫片的感染。

（7）当你的情况不妙时，你认为到了你该改变的时候了。

（8）你经常想知道别人是怎样看待你的。

（9）你为自己能使每个人高兴起来而感到自豪。

（10）你厌烦讨价还价，尽管你知道讨价还价能使你少花20元钱。

（11）你十分相信直率地说话，而且认为这样能使一切事情变得更容易。

（12）尽管你知道自己是正确的，你也会转换这一话题，而不愿引来一场争论。

（13）你在学习中做出一个决定后，会担心它是否正确。

（14）你不会担心环境的改变。

（15）你似乎是这样一个人：对于周末去做什么，你总是能够提出有趣的设想。

（16）假如你有一根魔棒的话，你将挥动它来改变你的外貌和个性。

（17）不管你学习多尽心尽力，你的老师似乎总是在催促着你。

（18）你认为你的家人或朋友对你寄以厚望。

（19）你认为一点小小压力不会伤害任何人。

（20）你会把任何事情都告诉你最好的朋友，即使是个人隐私。

3. 评分标准

每题选"√"记1分，选"×"记0分。各题得分相加，统计总分。

4. 测试结果

（1）16分以上。你对你的能力很有自信，因此，当处于强烈情感边缘时，你不会被击垮。即使你在愤怒时，也能进行有效的自我控制，保持彬彬有礼的君子风度。在控制你的情感方面，你是出类拔萃的，与他人相处也很融洽。

（2）7~15分。你能意识到自己和他人的情感，但有时却忽视它们，不明白这对你的幸福是多么重要。你对下一步升学和就业等诸如此类事情的关心支配着你的生活。然而，无论实现多少物质目标，你仍然感到不满足。

（3）6分以下。你过分注重自己，对别人关心不够。你喜欢打破常规，并且不会担心通过疏远别人来得到自己想得到的东西。你可能在短期内就会取得一定成果，但人们不久就将开始抱怨你。

5. 心理透析

情商中很重要的一部分就是对失败的承受能力。在日常生活中，失败的机会要远远多于成功的机会。同样面对困难，不同的人会有不同的态度，如乐观、豁达的人往往把失败归因于可以驾驭的因素，从每次失败中都能积累经验、吸取教训；而那些消沉、萎靡的人把失败归因于不可控制的因素。在投资方面，如果两者都失败了，乐观的人可能会说："没事，这次失败是因为我缺乏经验，自己做的不够好，还需继续学习和努力"；而悲观的人可能就会说："我的运气也太不好了吧，下次投资的时候得选个好日子。"二者的区别显而易见了，而承受力谁强谁弱也很明显了。